Konflikt-Coaching

Francine ten Hoedt

Konflikt-Coaching

Ein Praxisleitfaden

aus dem Niederländischen übersetzt
von Waltraud Heitzer-Gores

hogrefe

Francine ten Hoedt (Hat Trick Consultancy in IJsselstein, Niederlande, vgl. www.trickline.nl) vermittelt bei Konflikten, coacht in Arbeitssituationen, hält Workshops, begleitet Veränderungsprozesse, schreibt Bücher und entwickelt Lehrmaterialien.

Titel der Originalausgabe:
Francine ten Hoedt: Conflicten coachen
First published by Boom uitgevers Amsterdam in the Netherlands © Boom uitgevers Amsterdam & Francine ten Hoedt, 2013

Bibliografische Information der Deutschen Nationalbibliothek
Die Deutsche Nationalbibliothek verzeichnet diese Publikation in der Deutschen Nationalbibliografie; detaillierte bibliografische Daten sind im Internet über http://dnb.dnb.de abrufbar.

Hogrefe Verlag GmbH & Co. KG
Merkelstraße 3
37085 Göttingen
Deutschland
Tel. +49 551 999 50 0
Fax +49 551 999 50 111
info@hogrefe.de
www.hogrefe.de

Umschlagabbildung: © iStock.com by Getty Images / Radachynskyi
Satz: Sabine Rosenfeldt, Hogrefe Verlag GmbH & Co. KG, Göttingen
Druck: mediaprint solutions GmbH, Paderborn
Printed in Germany
Auf säurefreiem Papier gedruckt

1. Auflage 2021

(E-Book-ISBN [PDF] 978-3-8409-3082-9; E-Book-ISBN [EPUB] 978-3-8444-3082-0)
ISBN 978-3-8017-3082-6
https://doi.org/10.1026/03082-000

Inhaltsverzeichnis

Einführung

Seit 1999 arbeite ich nun schon mit Menschen, die lernen wollen, richtig und produktiv zu streiten, mit Menschen, die in einen Konflikt verwickelt sind, und mit Menschen, die sich dafür einsetzen, dass bei ihrem Arbeitgeber der Umgang mit Konflikten auf die Agenda kommt. Diese Arbeit kann ich nur empfehlen. Konflikte zu coachen ist großartig, weil handfeste Auseinandersetzungen so viel Sinnvolles zutage fördern:

- Im Konflikt lernt man sich selbst kennen. Besitzt man die Fähigkeit, sich gegen Angriffe zu wehren? Mit welchen Eigenschaften kann man in Konfliktsituationen punkten? Wo ist Nachholbedarf?
- Konflikte schaffen Klarheit. Im Konflikt ist die Kommunikation unverblümter als sonst, weil klare Ansagen vom Gegenüber verlangt werden und die Dinge auf den Punkt gebracht werden.
- Ein Konflikt bedeutet das Ende einer unhaltbaren, für alle Beteiligten schmerzlichen Situation.

Konflikte nehmen manchmal monströse Züge an und hinterlassen am Ende nur Verlierer. Das ist traurig für alle Beteiligten und schade wegen der verlorenen Zeit sowie des betriebenen Aufwands. Mein Streben ist deshalb, die Konfliktfähigkeit meiner Coachees in dem Sinn zu aktivieren, dass sie dann selbst in der Lage sind, wertvolle, konstruktive Auseinandersetzungen zu führen. Mein Traum ist eine Gesellschaft, in der Konflikte als Beitrag zum Weltfrieden gelten.

In meiner Arbeit habe ich hauptsächlich mit Menschen in ihrer Arbeitsumgebung zu tun. Seit 1999 arbeite ich daran, ein Konzept für die konfliktfähige Organisation zu entwickeln. Das Leben ist schließlich zu kurz, um es mit sinnlosen Konflikten am Arbeitsplatz zu verbringen. Vor allem, wenn man bedenkt, dass wir fast die Hälfte des Tages mit unserer Arbeit und allem, was dazugehört, verbringen.

Immer wieder werde ich von Kollegen gefragt, was denn ein Konflikt-Coaching genau sei. In der Regel folgt auf diese Frage ein gutes Gespräch über meine Arbeit und die Unterschiede zwischen einem Konflikt-Coaching und einem normalen Coaching. Diese Gespräche sind immer inspirierend und gewinnbringend, aber auch zeitintensiv. So kam ich auf die Idee, ein Buch über das Coachen von Konflikten zu schreiben. Das Buch sollte thematisch anders gelagert sein als die beiden Bücher, die ich gemeinsam mit Marijke Lingsma zu diesem Thema geschrieben habe (2004, 2005). Mit diesen Büchern haben wir uns an Führungskräfte in Unternehmen gewandt, weil sie bereits im Vorfeld und in der Anfangsphase eines Konflikts eine entscheidende Rolle spielen. Sie sind es, die den Konflikt in dieser Phase als wertvolle Situation einschätzen und nutzen können.

In dem nun vorliegenden Buch steht das Konflikt-Coaching als spezielle Form des Coachings im Mittelpunkt. Es richtet sich an alle Personen, die (beruflich) mit Menschen zu tun haben, die ihre Konfliktkompetenz verbessern möchten bzw. die sich aktuell in einer Konfliktsituation befinden. Darüber hinaus möchte ich alle Menschen ansprechen, die generell anderen dabei helfen wollen, Konflikte gewinnbringend auszutragen.

Ich unterscheide in diesem Buch zwischen dem Coaching in einer Eins-zu-eins-Situation (d. h., es handelt sich um eine Person, die konfliktfähiger werden möchte) und dem Coachen von Konflikten (d. h., ich begleite zwei oder mehrere Personen, die einen Konflikt miteinander haben). Das Coaching in einer Eins-zu-eins-Situation ähnelt im Großen und Ganzen einem regulären Coaching. Das Coachen von Konflikten unterscheidet sich dagegen erheblich von einem regulären Coaching.

Jedes Kapitel beginnt mit einer kurzen Zusammenfassung, die vorab darlegt, weshalb dieses Kapitel für Sie interessant sein könnte. So können Sie die Kapitel unabhängig voneinander lesen und sind nicht an die Struktur des Buches gebunden. Ich selbst lese Fachliteratur auch nie so, wie ich einen Roman lese (also von Seite 1 bis Seite 379), sondern immer kreuz und quer. Es ist dann gut zu wissen, was mir entgeht, wenn ich ein Kapitel überspringe.

Es gibt Kapitel zur Frage, was Konflikt-Coaching genau ist, zur Diagnostik der Situation und zur Beschaffenheit der Konfliktfähigkeit der Protagonisten sowie zur Grundhaltung eines Konflikt-Coaches. Des Weiteren bespreche ich die bekannten Verhaltensweisen in Konflikten und analysiere, wie man diese verbessern kann. Darüber hinaus finden Sie in diesem Buch Handreichungen für Manager und Führungskräfte, deren Anliegen es ist, die Kultur in ihrer Organisation dahingehend zu verbessern, dass sie die Konfliktkompetenz der einzelnen Mitarbeiter aktivieren. Durch das Potenzial guter Konflikte kann die gesamte Organisation profitieren.

Um nicht immer nur von „Konflikten“ zu sprechen, nutze ich in diesem Buch zur Abwechslung auch die Begriffe „Streit“, „Auseinandersetzung“ oder „Meinungsverschiedenheit“. Im ersten Kapitel führe ich aus, warum ich im Kontakt mit meinen Coachees und den Teilnehmern in meinen Trainings den Begriff „Konflikt“ bevorzuge. Um Konstruktionen wie „ihm oder ihr“ beziehungsweise „er oder sie“ möglichst zu vermeiden, rede ich einmal über „ihn“ und dann wieder über „sie“. Dieses Buch habe ich für Frauen und Männer geschrieben, und es handelt von Frauen und Männern, fühlen Sie sich bitte stets angesprochen.

Auch andere herausragende Coaches kommen in diesem Buch zu Wort und sprechen über ihre Einsichten zu den Themen Konflikt und Konflikt-Coaching: Philine Spruijt, Marijke Lingsma, Monique Steenvoorden, Deliana van der Meer und Sandor Penninga. Diese Coaches haben sich längst ihre Sporen mit dem Coachen verdient, sei es durch ihre langjährige Erfahrung oder die Entwicklung einer speziellen Herangehensweise, die sie einzigartig macht. Vielen lieben Dank, dass Sie sich bereit erklärt haben, Ihre Geschichten zu teilen.

Ich bin immer neugierig auf die Erfahrungen von Kolleginnen und Kollegen mit dem Konflikt-Coaching. Ich lese und höre gerne Ihre Reaktion, Ihre Vorschläge oder Fragen. Sie erreichen mich über meine Webseite www.Trickline.nl

Danksagung

Bei der Entstehung eines Buches wirken viel mehr Menschen mit als nur der Autor allein. Da sind zum Beispiel die Leute vom Verlag, die an mich glaubten und das Buch verlegen wollten. Marloes, Martine und Eline, ich danke euch. Dann gibt es die Menschen, mit denen ich mich inhaltlich reiben durfte und die mir in meinem Denk- und Schreibprozess zur Seite gestanden haben: Philine und Marijke, ich umarme euch herzlich. Bedingungslose Unterstützung bei allem, was ich tue, bekomme ich von Richard, und das schon seit fast vierzig Jahren, und auch dann, wenn ich selbst „Oh je, oh je ...“ denke. Ohne dich wäre ich nie dorthin gekommen, wo ich heute bin und wo ich noch hingehen werde.

Mein ganz besonderer Dank gilt meinen Auftraggebern und meinen Coachees, die mich an ihren schwierigen und krisenhaften Situationen teilhaben ließen, mir ihr Vertrauen schenkten und meine Interventionen zu schätzen wussten. Durch Sie, durch euch konnte dieses Buch entstehen.

Francine ten Hoedt

1 Konflikte – Grundverständnis und Eskalationsprozess

Was erwartet mich in diesem Kapitel?

In diesem Kapitel finden Sie Grundwissen und Fachbegriffe zum Thema Konflikte und zur Dynamik von Konflikten, damit Sie, wenn Sie im nächsten Kapitel angekommen sind und dabei auf Begriffe und Ausdrücke aus der Konfliktforschung stoßen, kein „Avada Kedavra"[1] über dieses Buch aussprechen müssen.

Wie Sie als Coach mit Konflikten umgehen, hängt von Ihrer persönlichen Einstellung zu Konflikten ab. Wenn Sie von einem rein geschäftlichen Interessenskonflikt ausgehen, werden Sie möglicherweise von den emotionalen Reaktionen Ihrer Coachees überrascht sein. Wenn Sie dagegen glauben, ein Konflikt bestehe weitgehend aus Emotionen, kann es sein, dass Sie den Bedürfnissen Ihres Coachees nicht gerecht werden.

Wenn Sie wissen, welche Aspekte eine Konfliktsituation ausmachen, werden Sie diese im Gespräch mit Ihren Coachees heraushören und Ihre Vorgehensweise daran anpassen.

(Noch) nicht jeder Mensch teilt den Gedanken, dass Konflikte einen Nutzen haben. Das kann auch daran liegen, wie wir Konflikte sprachlich behandeln. Meist wird der Begriff „Konflikt" verwendet, wenn es um eine Streiterei geht, die schon eskaliert ist und bei der die Konfliktparteien sich nur noch mit Schmutz bewerfen. Ein Konflikt baut sich aber immer über mehrere Phasen auf, wobei die letzte Phase, in der der Konflikt in Richtung einer reinen Vernichtung eskaliert, sicher nicht die produktivste ist. Wenn wir den Konflikt als einen fortschreitenden Prozess betrachten, können wir sehen, dass es in jeder Phase etwas zu gewinnen gibt.

Um Ihren Coachees helfen zu können, müssen Sie über den Eskalationsprozess Bescheid wissen. Ich verwende zur Veranschaulichung dazu immer die Eskalationsstufen nach Friedrich Glasl (vgl. Kapitel 1.2), weil dieses Phasenmodell einfach zu handhaben ist und sich zudem leicht erklären lässt, sodass meine Coachees damit etwas über die Dynamik ihres Konflikts lernen und diese besser verstehen können. In der Literatur findet sich einiges über Konflikttypisierungen, die ich in diesem Ka-

1 Todesfluch aus den Harry Potter-Büchern von J. K. Rowling.

pitel zusammengefasst vorstelle. Sie finden diese Zusammenfassung im Anschluss an die Eskalationsstufen nach Glasl, weil sich die Konflikttypisierungen den Eskalationsstufen zuordnen lassen. Damit haben Sie ein umfangreiches und vollständiges Handwerkszeug zur Verfügung.

Der letzte Abschnitt in diesem Kapitel beschäftigt sich mit der Frage, ob in der Situation, mit der Sie es zu tun haben, ein Konflikt-Coaching überhaupt möglich ist. Dazu gibt es einige Faustregeln.

1.1 Ein Konflikt ist ein kostbares Geschenk

Wann haben Sie zuletzt all Ihre Gedanken, Ihre gesamte Freizeit, Ihre Kreativität, Ihre Emotionen und Ihre Energie in eine einzige Sache gesteckt? Das muss zweifelsohne eine wichtige Sache gewesen sein: ein Projekt, das fertiggestellt werden musste, die Gründung der eigenen Firma, das fünfzigjährige Ehejubiläum Ihrer Eltern. Zusammengefasst muss es sich um eine Sache handeln, die Sie mit Sorgfalt und Aufmerksamkeit vorbereitet und durchgeführt haben.

Bei einem Konflikt investieren die Konfliktparteien genauso viel Energie, Emotionen und Mittel. Ich betrachte Konflikte deshalb als kostbare Geschenke, weil wir dadurch unsere Beziehungen bestätigen und stärken. Warum würde man sich sonst die Mühe machen, wenn einen mit der entsprechenden Person nichts verbindet? Warum würden Sie sich mit einer Sache oder einer Person auseinandersetzen, wenn Sie der Meinung wären, Sie könnten ja eh nichts ändern, wenn die Sache oder die Person Ihnen nicht wichtig wäre oder wenn Sie keine Zukunftsperspektive dafür sehen würden? Das wäre doch reine Zeit- und Energieverschwendung.

Wenn wir Konflikte verschleppen, negieren oder von uns weisen, stehen wir am Ende vor einem stinkenden Trümmerhaufen. Es braucht wesentlich mehr Energie und Aufwand, um diesen Haufen wieder wegzuräumen, als der Konflikt an Zuwendung und Aufmerksamkeit benötigt und verdient hätte. Ein kostbares Geschenk behandelt man schließlich mit Sorgfalt und Aufmerksamkeit. Das soll nicht heißen, dass ein Konflikt immer möglichst schnell geklärt werden sollte, im Gegenteil. Gerade im Suchen nach Verständnis, Wissen und Gemeinsamkeiten stecken das Potenzial für die Verbesserung der Beziehung und der Gewinn durch den Konflikt.

1.2 Wann ist eine Situation ein Konflikt?

Viele Menschen fragen sich, ab wann überhaupt von einem Konflikt die Rede ist. Der Begriff wird oft als negativ konnotiert empfunden, weshalb viele lieber von „Meinungsverschiedenheit" oder von „Auseinandersetzung" sprechen. Aber auch diese Begriffe werden nicht von allen Menschen gleich gedeutet. Manche halten eine „Auseinandersetzung" für weniger gravierend als eine „Meinungsverschiedenheit". Ebenso gibt es auch Menschen, die es genau umgekehrt empfinden. Für den Begriff „Konflikt" existieren viele Definitionen. Wenn man mehrere Menschen danach fragt, wie sie den Begriff verstehen, bekommt man genauso viele Beschreibungen, wie man Menschen gefragt hat. Als ich einmal die Mediationskompetenz von Topmanagern im öffentlichen Dienst untersucht habe, erhielt ich von den 200 Respondenten 198 unterschiedliche Definitionen und zwei nicht ausgefüllte Reaktionen.

Ein Blick in die Theorie. Mauk Mulder (1980) geht in seiner Definition eines Konflikts von „(mindestens) zwei sozialen Organisationen oder Gruppen oder Individuen" aus. Die wichtigsten Kennzeichen für einen Konflikt seien die von den Parteien erlebte Heftigkeit, die das Ausmaß der Gegensätzlichkeit der Zielstellungen anzeigt, und die Manifestation, die darauf hinweist, wie sehr ein Konflikt präsent ist. Das Fehlen von etwas (Mangel) sei eine der wichtigsten Quellen für Konflikte.

Nach Carsten de Dreu (De Dreu & Van de Vliert, 1997) kann man von einem Konflikt sprechen, „wenn eine Person erlebt, dass eine andere Person bewusst oder unbewusst etwas tut oder vorhat, das gegen die eigenen Interessen, Einsichten oder Normen und Werte verstößt." De Dreu unterscheidet zwischen kognitiven und affektiven Konflikten. Kognitive Konflikte beziehen sich auf Meinungsverschiedenheiten auf inhaltlicher Ebene. Affektive Konflikte hingegen thematisieren den (emotionalen) Umgang der Konfliktparteien, der durch Beziehungsprobleme beeinflusst wird. In seiner Theorie werden kognitive Konflikte über den Inhalt (= über die Arbeit) geklärt. Bei affektiven Konflikten sollte danach gestrebt werden, zunächst die emotionale Ladung zu klären, damit der Konflikt dann als kognitiver Konflikt bearbeitet werden kann.

Im „Handboek Mediation" (Brenninkmeijer et al., 2009) präsentiert Donald McGillavry eine kurze Übersicht mit verschiedenen Definitionen. Zusammenfassend zeichnen sich Konflikte durch folgende Aspekte aus:

- Es sind mehrere Parteien beteiligt.
- Es sind widersprüchliche Interessen oder Ziele im Spiel, die unvereinbar zu sein scheinen oder sich als unvereinbar herausgestellt haben.
- Emotionen spielen eine Rolle.
- Konflikte haben mit Veränderung zu tun.

Friedrich Glasl (1997) geht in seiner Definition davon aus, dass es sich bei einem (sozialen) Konflikt um eine Interaktion – ein aufeinander bezogenes Kommunizieren oder Handeln – zwischen Akteuren (Individuen, Gruppen, Organisationen etc.) handelt, bei der mindestens ein Akteur sich in der Verwirklichung seines Ziels beeinträchtigt fühlt, weil sich sein Denken, seine Vorstellungen, seine Wahrnehmung und/oder seine Gefühle nicht mit denen des anderen Akteurs bzw. der anderen Akteure vereinbaren lassen.

Diese Beschreibungen gehen davon aus, dass es eine Gegensätzlichkeit von Interessen oder Zielen gibt, wobei die Beteiligten in einem gewissen Maß voneinander abhängig sind. Aus dem Blickwinkel der Kommunikationstheorie betrachtet, lässt sich sagen, dass auch Kommunikationsstörungen zu einem Konflikt führen können, obwohl gar keine gegensätzlichen Interessen oder Ziele vorhanden sind. Beispielsweise können unterschiedliche Bedeutungszuordnungen zu Wörtern oder Begriffen in divergierenden Ausgangspunkten oder Wahrnehmungen resultieren. Dafür skizzieren Paul Watzlawick et al. (2017) und Deborah Tannen (1992, 1999, 2002) zahllose Beispiele.

Van Dongen et al. (1996) erklären, die Suche nach einer Definition des Begriffs „Konflikt“ sei der Versuch, die Heterogenität der Möglichkeiten innerhalb des sozialen Lebens zum Ausdruck zu bringen. Es geht um Unterschiede, die auf unterschiedliche Weisen geschätzt oder erlebt werden, mit allen damit verbundenen Konsequenzen. So betrachtet, kann ein Konflikt Beziehungen zwischen Menschen zustande bringen oder sie stärken.

Diese Beschreibung kommt der Semiologie oder Semiotik von Ferdinand de Saussure und Charles Sanders Peirce sehr nah, bei der ein Objekt vor allem durch den Kontext und die Beziehung zum Kontext (um eine jahrhundertealte Entwicklung einmal kurz und salopp zusammenzufassen) Bedeutung erlangt. Die gemeinsame Debatte darüber, welche Bedeutung das Objekt hat oder von denjenigen, die darüber reden, zugesprochen bekommt, lässt sich mit dem Prozess des Suchens bei einem Konflikt vergleichen. Dasselbe merke ich in meiner Praxis: Konflikte sind Suchbewegungen der Menschen, die ein Thema aus ihrer jeweiligen Erfahrung und ihrem Wissensstand heraus betrachten und Übereinstimmung suchen bei der Beantwortung der Frage, worum es sich handelt und was sich damit anfangen lässt. Das muss nicht bedeuten, dass sie nach Gleichklang streben. Sie können sich auch dahingehend einigen, dass sie unterschiedliche Meinungen haben und das so stehen lassen. Im Prozess des Suchens werden die Beziehungen gestärkt und verbessert. Der Prozess selbst ist das Ziel, nicht das Finden einer Lösung. Der Suchprozess kann heftig und explosiv sein, aber auch nützlich und bereichernd, wenn er kompetent begleitet wird. Aus diesem Blickwinkel gesehen ist es verständlich, dass das Wort „Konflikt“ für alle Stadien der Suche verwendet werden kann und nicht nur für die Phase, in der die Situation eskaliert.

Bei einem Konflikt prallen die Wahrheiten, die nicht in eine Geschichte hineinpassen, aufeinander

Ich verwende das Wort „Konflikt“ gern in dem Sinn, wie Marijke Lingsma und ich es in unserem ersten Buch über Konflikt-Coaching formuliert haben: „Ein Konflikt ist der Zusammenprall von Wahrheiten, die nicht in eine Geschichte hineinpassen“ (Lingsma & ten Hoedt, 2004). Diese Definition lässt Raum für alle Aspekte eines Konflikts. Zugleich macht sie auch deutlich, worum es bei den meisten Konflikten geht: Um die Wahrnehmung der Situation durch eine Person und damit um die jeweils eigene Wahrheit.

Beispiel

Als (der niederländische Jurist und ehemalige Anwalt) Bram Moszkowicz im April 2013 definitiv seines Amtes als Strafverteidiger enthoben wurde, war die Kritik handfest. Viele hielten ihn für arrogant und meinten, er habe die Bodenhaftung verloren und verhalte sich wie jemand, der jenseits der Regeln steht.

Als Konflikt-Coach frage ich mich, ob er wirklich so arrogant war oder ob er sich nicht vielmehr den Realitäten seines Alltagslebens angepasst hatte. Wenn man Moszkowicz’ Karriere insgesamt betrachtet, sieht man einen Strafverteidiger, der immer öfter Kriminelle verteidigte, die sich mit dem Waschen von Schwarzgeld, mit Betrug usw. beschäftigten. Moszkowicz’ Realität hatte sich immer mehr der seiner Klienten angeglichen. Einer Realität, in der er mit den anderen mitmachte.

Handelt es sich also tatsächlich um arrogantes Verhalten oder darum, dass sich ein Strafverteidiger über das Gesetz stellt? Oder handelt es sich um eine Anpassung an die tägliche Umgebung, mit der man zu tun hat? Dabei würde Moszkowicz sich nicht von anderen Menschen unterscheiden, die sich an die Kultur des Unternehmens, für das sie arbeiten, anpassen. Die Anpassung an eine Unternehmenskultur wird allerdings leichter akzeptiert, weil Unternehmen im Allgemeinen nicht als kriminell wahrgenommen werden. Der Anpassungsprozess ist aber derselbe.

Betrachtet man einen Konflikt als das Aufeinanderprallen von Wahrheiten, wird der Konflikt von der Persönlichkeit der Beteiligten entkoppelt. Es geht dann nicht um die Personen als solche, sondern um die Wahrheiten dieser Personen und das Verhalten, das sich daraus ableitet. Akzeptiert man, dass jeder Mensch seine eigene Wahrheit hat, wird ein Austauschraum über Gemeinsamkeiten und Unterschiede in der Wahrnehmung gewährleistet. Gesteht man sich gegenseitig diesen Raum, der Interpretationsspielraum bietet, nicht zu, prallen die Wahrheiten aufeinander und es kommt zur Auseinandersetzung.

Anhand unserer Definition kann man auch den Wert von Konflikten erkennen: Der Zusammenstoß und die Suche nach einer Erzählung, in der alle Wahrheiten integriert sind, bewirkt, dass die Beteiligten ihre Beziehung stärken und dass sie Lösungen finden, die ein Vielfaches mehr an Wissen und Erfahrung enthalten, als eine einzige Person sich hätte ausdenken können.

Warum ist es wichtig, den Begriff „Konflikt" zu definieren?

Zunächst ist es von Vorteil, wenn Sie wissen, wie Ihre Coachees die Situation, um die es geht, beschreiben. Wenn eine Person von einer „einfachen Meinungsverschiedenheit" spricht, die andere Person aber von Streit oder Auseinandersetzung, könnte es durchaus sein, dass die eine Person gar nicht der Meinung ist, es gebe ein Problem, während die andere schon zum Kampf bereit ist. Beide können auch dasselbe Wort verwenden, mit dem Wort aber Unterschiedliches verbinden, sodass sie schon allein wegen der Frage, ob hier überhaupt von einem Konflikt die Rede ist, in einen Konflikt geraten können. Es kann sehr erhellend sein, mit den Coachees darüber zu sprechen, wie sie die Situation benennen.

Außerdem ist die Frage der Definition schon allein deshalb von Bedeutung, weil sie zur Einsicht führt, dass ein Konflikt weder eine Momentaufnahme noch ein einzelner Vorfall ist, sondern ein Prozess zwischen zwei oder mehreren Personen, bei dem sich eine akzeptable Beziehung zu einer wahren Feindseligkeit wandeln kann.

Spricht man bei einem beginnenden Konflikt von „Meinungsverschiedenheit" oder von „Streit" und benutzt man das Wort „Konflikt" erst dann, wenn die Situation eskaliert ist, nimmt man sich die Möglichkeit, den gesamten Prozess im Blick zu haben. Es verwundert dann auch nicht, dass in Unternehmen und Organisationen Konfliktmanagement nicht im Fokus der Aufmerksamkeit steht. Mit einer solchen Sichtweise sind Streitereien oder Meinungsunterschiede schließlich nur Einzelereignisse, die nichts mit der „normalen" Situation im Unternehmen zu tun haben. Aber jeder noch so kleine Streit kann Ausgangspunkt für einen gewaltig eskalierten Konflikt sein, der viel Leid für die Beteiligten mit sich bringt und einen beträchtlichen Kostenfaktor für das Unternehmen darstellt. Ich verwende daher am liebsten den Begriff „Konflikt" für alle Phasen des Prozesses.

1.3 Der Nutzen von Konflikten

Um Personen mit Konflikten coachen zu können, sollte man in der Lage sein, den Nutzen von Konflikten erkennen zu können. In ten Hoedt (2013a) wird eine tabellarische Übersicht zu den Vor- und Nachteilen von Konflikten bereitgestellt (vgl. Tabelle 1). Die Vorteile kommen immer dann zum Tragen, sofern der Konflikt gut

Tabelle 1: Vor- und Nachteile von Konflikten (vgl. ten Hoedt, 2013a)

Chancen und Vorteile eines gut gemanagten Konflikts	Risiken und Nachteile eines schlecht gemanagten Konflikts
Es entsteht Klarheit über Ziele, Rollen, Aufgaben, Funktionen, Verantwortlichkeiten und Zuständigkeiten. All diese Dinge werden nun gründlich besprochen.	Es entstehen immer noch mehr Diskussionen und Unklarheiten über Ziele, Rollen, Aufgaben und Vereinbarungen. Verantwortlichkeiten und Zuständigkeiten werden infrage gestellt, und manch einer sägt am Stuhl des anderen.
Die Arbeitsbeziehungen und das gegenseitige Vertrauen können wachsen. Dies gelingt durch die Offenheit, die während des Konflikts (und danach) entsteht; jeder kann erkennen, was er an dem anderen hat.	Die Arbeitsbeziehungen verschlechtern sich, und zwar nicht nur die der Konfliktparteien untereinander, sondern auch die zwischen Unbeteiligten und der Managementebene. Es gibt immer mehr Stör- und Nebengeräusche, weil jeder in seiner Kommunikation vorsichtiger wird.
Die Konfliktkompetenz der Mitarbeiter wächst. Konfliktkompetente Mitarbeiter sind gut gewappnet: Sie treten für ihre Interessen ein, ohne anderen zu schaden; man kann sie auf ihr Verhalten und ihre Ergebnisse hin ansprechen, denn sie wissen um ihren Beitrag und können ihn anerkennen.	In Unternehmen, in denen alle nett zueinander sind, herrscht Mittelmaß. Die Menschen werden nicht wegen ihrer mangelnden Leistung angesprochen, niemand wagt zu sagen, etwas sei nicht in Ordnung. Wer sich von der Masse abhebt, läuft Gefahr, zu Fall gebracht zu werden. Damit wird die Qualität der Ergebnisse und Leistungen geopfert, um krampfhaft den – dysfunktionalen – lieben Frieden aufrechtzuerhalten.
Je konfliktfähiger die Mitarbeiter sind, desto konfliktbeständiger ist das Unternehmen.	Das Unternehmen wird weniger wehrbar gegenüber Unruhe von innen und außen. Prozesse und Beschlüsse werden vertagt oder gestalten sich immer komplizierter. Das kann zu schlechteren Ergebnissen und zu Beschwerden führen.
Kreativität gehört zu jedem Konflikt. Die Konfliktparteien nutzen diese Kreativität, um ihre Beziehungen und ihre Arbeit oder ihre Ergebnisse zu verbessern.	Die Kreativität wird für Rachefeldzüge und Gegenaktionen eingesetzt und nicht, um bessere Produkte oder Dienste zu entwickeln. Der Konflikt zieht Energie ab, die nun nicht mehr in die Arbeit fließt.

Tabelle 1: Fortsetzung

Chancen und Vorteile eines gut gemanagten Konflikts	Risiken und Nachteile eines schlecht gemanagten Konflikts
Die Führungskräfte können ihre Zeit (wieder) mit ihrer eigentlichen Aufgabe verbringen: Mitarbeiter, die ihren Aufgaben gewachsen sind, mit Weitsicht und Freude anleiten und führen.	Die Führungskraft verbringt viele (Über-)Stunden damit, den Konflikt zu lösen, eventuell mithilfe der Personalabteilung oder externer Berater, Vertrauenspersonen, Juristen, Anwälte oder Richter.
Die Mitarbeiter halten sich gegenseitig auf dem Laufenden und teilen ihr Wissen und ihre Erfahrung. Das macht sie in der Sache engagierter und führt zu niedriger Fluktuation.	Mitarbeiter verlassen das Unternehmen wegen des Konflikts. Wissen und Erfahrung gehen verloren.
Einsparungspotenzial: • Die Beteiligten gehen mit Freude zur Arbeit, was die Produktivität fördert und für geringen Krankheitsausfall sorgt. • Teams sind selbstständig in der Lage – ohne Hilfe von außen –, kleinere Reibereien zu klären. • Durch die niedrige Mitarbeiterfluktuation kann in Teamentwicklung und Ausbildung/Schulung investiert werden. Dies wirkt sich positiv auf die Leistungsfähigkeit der Mitarbeiter aus.	*Zusätzliche Kosten:* • Krankgeschriebene Mitarbeiter müssen weiter bezahlt werden, und es muss Ersatz für sie gefunden werden. • Die Beschäftigung Dritter, wie z. B. von Coaches, Mediatoren, Anwälten, oder begleitende Hilfe bei der Reintegration, kostet Geld. • Das Unternehmen verliert eventuell Geld durch Abfindungen oder besondere Zahlungen an Mitarbeiter, die ausscheiden. • Es muss eine Einstellungsinitiative erfolgen, um neue Mitarbeiter zu gewinnen, die anschließend eingearbeitet werden müssen.

gemanagt wird. Dies ist einerseits der Fall, wenn die Konfliktparteien hinreichend konfliktfähig sind, um die Situation adäquat zu nutzen. Andererseits kann auch eine entsprechende Begleitung der Konfliktparteien durch Kolleginnen und Kollegen, durch Führungskräfte oder durch einen Konflikt-Coach eine Win-Win-Situation herbeiführen.

Wenn ein Konflikt weiter eskaliert, wird es immer unwahrscheinlicher, dass die Chancen und Vorteile, die ein Konflikt für die Umgebung haben kann, tatsächlich zum Tragen kommen. Für die Beteiligten kann die Eskalation auch einen gewaltigen Lernprozess bedeuten. Ein solcher Prozess sollte allerdings von einem erfahrenen Konflikt-Coach begleitet werden. Fehlt die Begleitung, kann dies zu einer Beeinträchtigung der Beteiligten führen. Beispielsweise können Beteiligte in eine Burnout-Situation rutschen oder für den Rest ihres Lebens mit den Folgen zu kämpfen haben.

Wie Sie im Folgenden lesen können, verändern sich die Konfliktbeteiligten im Verlauf der Eskalation. Aus vernünftigen und angenehmen Menschen werden halsstarrige Besserwisser, die unter Umständen sehr weit dafür gehen würden, nur um am Ende recht zu behalten. Es ist möglich, diese Menschen zu coachen, bis sie wieder zu ihrem liebenswürdigen Selbst zurückgefunden haben. Das erfordert Zeit, Verständnis und die Fähigkeit, das Gute im Menschen zu sehen, das unter einer dicken Schicht aus Schmerz, Traurigkeit, Wut, Misstrauen und Abwehr, die der eskalierende Konflikt hinterlassen hat, verborgen ist.

1.4 Der Eskalationsprozess

Wenn ein prozesshafter Konfliktablauf absehbar ist und der Ausbruch nicht aus dem Moment heraus geschieht, so können mit der Eskalation einhergehende Schritte identifiziert werden. Wer das einmal klar vor Augen hat, kann sich leichter entscheiden, wie zu intervenieren ist.

Ein Modell, das eine schnelle Einschätzung des Konflikts erlaubt, ist das Eskalationsmodell des österreichischen Hochschullehrers Friedrich Glasl (2001). Auf der Grundlage seiner Erfahrung und Forschung entwickelte er ein Modell, welches zeigt, wie sich der Umgang der Beteiligten untereinander während der Konflikteskalation verschlechtert. Er spricht dabei von (Eskalations-)Stufen, wobei sich die Beteiligten in ihrer Interaktion immer eine Stufe weiter nach unten zum nächsten Eskalationsstadium bewegen.

Gemäß Glasl (2001) gibt es neun Stufen der Konflikteskalation (vgl. Abbildung 1) mit jeweils typischen Schwellen (Übergängen), die im Normalfall in drei Phasen eingeteilt werden. Die ersten drei Stufen stellen die Gewinnphase (Win-Win) dar, die mittleren drei Stufen stellen die Kampfphase (Win-Lose), und die letzten drei Stufen kennzeichnen die Verlustphase (Lose-Lose). Ich habe für mich noch eine Stufe 0 hinzugefügt, die Messlatte dafür, was für die Beteiligten bislang als „normale“ Kommunikation und Interaktion angesehen werden kann. Im Folgenden werde ich die Eskalationsstufen im Hinblick auf das wahrnehmbare Verhalten und die wahrnehmbaren Emotionen der Konfliktbeteiligten noch ausführlicher erläutern.

Stufe 0. Stufe 0 steht für die normale Interaktion und Kommunikation, wie sie zwischen den Konfliktparteien bisher stattfand. Jede Interaktion ist geprägt von den Erfahrungen, Überzeugungen, Meinungen und Annahmen sowie dem per-

1. Normale Kommunikation und Interaktion
2. Verhärtung („Ja!“ – „Nein!“)
3. Polarisation und Debatte („Ich habe recht, Sie nicht!“)
4. Taten statt Worte! („Wer nicht hören will, muss fühlen.“)
5. Sorge um Image und Koalition („Die Gegenpartei hat unrecht. Wer nicht meiner Meinung ist, ist gegen mich.“)
6. Gesichtsverlust/Vertrauensbruch (Entdeckung der verborgenen Agenda der Gegenpartei. Das Feindbild, das von der Gegenpartei gemacht wurde, gewinnt.)
7. Drohstrategien (Es wird mit unangenehmen, harten Aktionen gedroht.)
8. Begrenzte Vernichtungsschläge (Der gegnerischen Partei leichten Schaden zufügen.)
9. Zersplitterung (Der gegnerischen Partei schweren Schaden zufügen.)
10. Gemeinsam in den Abgrund/Opferhaltung („Ich bin der Einzige, der den Gegner aufhalten kann, dann opfere ich mich eben für den guten Zweck.“)

Abbildung 1: Die Stufen der Konflikteskalation (in Anlehnung an Glasl, 2001)

sönlichen Konfliktstil, den jeder Beteiligte mit in den Kontakt einbringt. Ein Konflikt-Coach muss sich bewusst machen, dass jede Beziehung ein eigenes Interaktions- und Kommunikationsmuster hat. So kann ein und derselbe Mensch in der Partnerschaft häufig verdeckte Andeutungen machen, mit dem Chef umständlich und sperrig kommunizieren, sich mit Kunden dagegen sehr angeregt unterhalten.

Aus zwei Gründen ist es wichtig, festzustellen, wie die Basiskommunikation der Konfliktparteien (gewesen) ist. An erster Stelle handelt es sich dabei für Sie, den Konflikt-Coach, um Ihre Messlatte: Diese Art der Kommunikation war für die Konfliktparteien bisher dazu geeignet, gut miteinander zu arbeiten und sich zu verstehen. Sie können das zwar immer noch, aber die Basis ist gestört. An zweiter Stelle ist es für Sie wichtig, dass Sie die Konfliktparteien nicht zu einem Kommunikationsstil bewegen wollen, der nicht zu ihnen passt oder nicht in ihren Kontext passt. Ein Konflikt-Coach hat selbst auch bestimmte Vorstellungen, wie eine gute Kommunikation ablaufen sollte, aber möglicherweise ist gerade seine Art der Kommunikation für die Konfliktparteien nicht effektiv.

Stufe 1: Verhärtung. Auf der ersten Stufe fangen die Konfliktparteien an, sich über die jeweilige Gegenpartei zu ärgern. Sie können irritiert wirken, sie widersprechen sich gern und häufig, aber jeder kann sich und den anderen korrigieren. Sie haben ihre gemeinsamen Ziele vor Augen und erkennen, dass sie einander brauchen, um Ziele zu verwirklichen. Es ist dabei völlig unwichtig, um welche Ziele es geht, eine lebenslange Liebesbeziehung oder darum, die Deadline für ein Projekt zu schaffen. Ab und zu können die Konfliktparteien scharf reagieren, aber sie bleiben in Kontakt. Ab einem gewissen Moment geht einer der beiden einen Schritt weiter, und aus Dialogen werden Diskussionen und aus Diskussionen Debatten.

Stufe 2: Polarisation und Debatte. Auf der zweiten Stufe ist es das Anliegen der Konfliktparteien, recht zu bekommen. Sie versuchen immer nachdrücklicher, ihr Gegenüber von ihrer Meinung zu überzeugen, und hören dem anderen immer weniger zu. Und wenn sie zuhören, achten sie mehr auf die Unterschiede als auf die Gemeinsamkeiten. Dadurch entfernen sie sich immer mehr voneinander, auch wenn ihnen bewusst ist, dass sie gemeinsam ein bestimmtes Ergebnis erreichen wollen. In dieser Phase ähneln sie Menschen, die von A nach B reisen wollen, sich aber nicht einig werden, ob sie über X oder Y fahren wollen. Jeder hat gute Argumente für seine Strecke, und je mehr sie einander überzeugen wollen, dass ihr Weg der beste sei, desto mehr überzeugen sie sich jeweils selbst, dass ihre Wahl die beste ist.

Stufe 3: Taten statt Worte! Auf der dritten Stufe haben die Konfliktparteien das Gefühl, dass ihr Gegenüber einfach nicht hören will. Und wer nicht hören will, muss fühlen! Also bombardieren sie sich mit umfangreichen Berichten oder Gutachten, in denen zu lesen ist, dass ihre Arbeitsmethode/Herangehensweise die beste ist. Oder sie verfassen Blogeinträge, in denen die eigene Arbeitsmethode ausführlich beschrieben wird. Anschließend wird damit geprahlt, wie oft der Blogeintrag gelesen wurde. Dadurch lassen sie die Gegenpartei spüren, wie tief die Kluft zwischen ihnen ist. Dies kann sich auch in subtilen Verhaltensweisen zeigen, indem die eine Person beispielsweise Kaffee für alle außer ihren Kontrahenten mitbringt. Ebenso können Gesprächsrunden oder Meetings organisiert werden, bei denen die jeweils andere Person nicht dazu eingeladen ist. Des Weiteren können Personen sich bei Besprechungen absichtsvoll so hinsetzen, dass sie einander nicht anschauen müssen. Solche Aktionen sind belastend, aber nicht lebensbedrohlich. Wenn sie sich daran erinnern, dass sie etwas Gemeinsames zum Ziel haben, können sie ihr Verhalten jetzt noch ändern. Oder wenn jemand einen Schubser in die entsprechende Richtung gibt.

Die „Win-Win"-Phase eines Konflikts

Die Stufen 1, 2 und 3 der Konflikteskalation bilden die Win-Win-Situation des Konflikts. In dieser Phase können die Beteiligten ihr gemeinsames Ziel im Auge behalten, obwohl bereits ein subtiler Schlagabtausch stattfindet. Dabei sind sich die Beteiligten bewusst, dass sie in einem Abhängigkeitsverhältnis zueinander stehen. Um ihre Ziele zu erreichen, brauchen sie den jeweils anderen. Deshalb können sie ihre Beziehung nicht ohne Weiteres aufs Spiel setzen. Trotzdem kann ein längeres Verharren in dieser Phase kontraproduktive Folgen haben, indem die Emotionen eine größere Rolle spielen. In der Win-Win-Phase zeigt sich, wie konfliktfähig die Kontrahenten sind.

Stufe 4: Sorge um Image und Koalition. Je weiter sich die Konfliktparteien in ihrer Interaktion und Kommunikation auf den Eskalationsstufen nach unten bewegen, desto mehr fangen die Emotionen an, eine größere Rolle zu spielen. Drei Stufen lang haben die Konfliktparteien alles darangesetzt, ihr Gegenüber zu überzeugen, und dabei erlebt, dass sie nicht gehört wurden. Infolgedessen sind sie – und möglicherweise auch andere Beteiligte – mit Gefühlen der Ohnmacht und der mangelnden Wertschätzung konfrontiert. Wut und Frustration, aber auch Unsicherheit brechen sich Bahn. Deshalb suchen die Beteiligten nun Unterstützung bei anderen Menschen. Im Grunde genommen wollen sie nichts anderes als die Bestätigung, dass sie recht haben. Wenn jemand unterschiedliche Nuancen einbringen möchte, wird er schnell als Anhänger der Gegenpartei gesehen. Dadurch kommt er zur Lagerbildung. Unbeteiligte spielen ungewollt im Konflikt mit und sorgen sogar für die Befeuerung der Eskalation. Ein Konflikt auf der vierten Stufe lässt sich anhand verschiedener Anzeichen identifizieren: Kennzeichnend ist beispielsweise das Abhalten informeller Treffen hinter verschlossenen Türen. Des Weiteren kann das Austragen von Streitigkeiten in Meetings, wobei deutlich einer der beiden Konfliktbeteiligten bevorzugt wird, Hinweis auf die vierte Stufe geben. Ebenso sind augenscheinlich plötzliche, gegenseitige Angriffe der Konfliktparteien bezeichnend für Stufe vier.

Infolgedessen gelingt es den Konfliktparteien nicht mehr, ihr eigenes Verhalten zu reflektieren und das Verhalten des Kontrahenten losgelöst vom Konfliktkontext zu sehen. Zusammengenommen führt das dazu, dass der Schritt zu Stufe 5 erfolgt, der dramatischsten Stufe von allen.

Stufe 5: Gesichtsverlust. Auf der fünften Stufe erfolgt der Vertrauensbruch. Misstrauen macht sich breit. Oft ist es so, dass die Konfliktparteien bis auf die Minute genau sagen können, wann sie zu der Erkenntnis gelangt sind, dass ihr Gegenüber eine verborgene Agenda verfolgt. Die Erkenntnis schmerzt. Schließlich hat man alles Erdenkliche dafür getan, die Zusammenarbeit aufrechtzuerhalten, und jetzt zeigt sich plötzlich, dass die andere Partei gar nicht mitarbeitete. Alle Taten der Gegenpartei bis zum heutigen Tag werden ausschließlich im Licht der vermeintlich verborgenen Agenda gesehen, auch die guten Momente während der Win-Win-Phase des Konflikts.

Die Parteien haben längst verzerrte Bilder über die Situation, den Konflikt und den Kontrahenten geschaffen. Wenn man mit den Beteiligten einzeln spricht, hat man mit wunderbaren, zuvorkommenden, freundlichen Menschen zu tun. Sitzt man mit allen gemeinsam an einem Tisch, wähnt man sich in einem schlechten Horrorfilm mit entsprechenden Dialogen. Die Konfliktparteien sehen in ihrem Gegenüber jeweils ein gefährliches, riesiges Monster.

Stufe 6: Drohstrategien. Die Kontrahenten drohen mit harten Maßnahmen, die im Bereich des tatsächlich Machbaren liegen. Gedroht wird etwa mit einem Anwalt, mit einem Kündigungsverfahren, mit dem Hinzuziehen der Vertrauensperson oder dem Informieren des Betriebsrats.

Die „Win-Lose"-Phase eines Konflikts

Auf den Stufen 4, 5 und 6 der Konflikteskalation treten verstärkt Emotionen zutage. Dabei geht es nicht nur um Emotionen wie Wut, weil der Kontrahent so starrköpfig ist oder um jeden Preis recht haben möchte. Es kommen auch Gefühle wie Traurigkeit wegen des Verlusts der Beziehung oder Angst vor der Zukunft ins Spiel. Die Konfliktparteien haben bereits viel Energie in den Konflikt gesteckt und haben nichts erreicht. Daraus resultieren weitere Emotionen.

War der Kontrahent zuvor ein vernünftig denkender Mensch, ist er im Verlauf der Win-Lose-Phase zu einem machthungrigen Monster, das Böses im Schilde führt, mutiert. Deshalb muss er gestoppt werden. Komplimente werden als Beleidigung abgetan oder als unglaubwürdig erlebt. Die Konfliktparteien sind sich selbst die größten Feinde geworden. Sie sind gar nicht mehr dazu in der Lage, gemeinsam eine Lösung für den Konflikt herbeizuführen. Sie benötigen einen Dritten, der ihnen dabei hilft.

Stufe 7: Begrenzte Vernichtungsschläge. Auf Stufe 7 werden die Schritte unternommen, die auf Stufe 6 angedroht wurden. Dabei räumen die Parteien einander die Möglichkeit ein, die angedrohten Schritte noch abzuwenden, aber sie verstehen die Signale des jeweils anderen nicht mehr. Würde einer der beiden ein Entgegenkommen signalisieren, würde der andere es nicht als solches erkennen oder würde misstrauisch sein.

Stufe 8: Zersplitterung. Bisher war der Schaden, der dem Gegner zugefügt wurde, noch begrenzt, doch jetzt wird mit härteren Bandagen gekämpft. Es geht um Maßnahmen wie Presse einschalten, den Gegner auch körperlich angreifen usw. Inzwischen sind die Kontrahenten so fern der Realität, dass sie für ein vernünftiges Gespräch nicht mehr erreichbar sind. Folglich liegt ihr Fokus nur noch darauf, ein Durchsetzen der gegnerischen Partei zu verhindern.

Stufe 9: Gemeinsam in den Abgrund. Auf der neunten Stufe ist die Eskalation perfekt. Die Konfliktparteien sind bereit, ihren guten Namen, ihr Leben, alles zu opfern, um den Gegner zu stoppen. Der Zweck heiligt alle Mittel.

Stufe 9 ist die Stufe, auf der Whistleblower landen, wenn sie ihr Wissen öffentlich machen und ein Unternehmen oder eine Organisation unwiderruflich beschädigen, aber auch sich selbst, weil sie kaum mehr Arbeit finden werden. Es ist die Stufe, auf der ein Elternteil den anderen des Kindesmissbrauchs beschuldigt und die Behörden einschaltet. Es ist die Stufe, auf der Selbstmordattentäter ihre Bombe zünden. Die Parteien glauben mit voller Überzeugung an das Bild, das sie von ihrem Kontrahenten geschaffen haben, und denken, sie seien die einzigen, die die wirkliche und unumstößliche Wahrheit über den Kontrahenten kennen. Alle anderen Menschen seien auf Irrwege geführt worden. Sie opfern sich für den guten Zweck.

Die „Lose-Lose"-Phase eines Konflikts

Die Stufen 7, 8 und 9 stellen zusammen die Lose-Lose-Phase des Konflikts dar. In dieser Phase gibt es keine Gemeinsamkeiten mehr. Die Konfliktparteien betrachten sich als Feinde und interpretieren jede Handlung des Kontrahenten als Angriff. Jede der Konfliktparteien ist so sehr davon überzeugt, der Gegner (oder die Gegner) würden Böses im Schilde führen, dass sie nichts unversucht lässt, diesem Tun ein Ende zu bereiten, sogar, wenn sie sich damit selbst schadet. Sicher ist, dass die Kontrahenten den Konflikt in dieser Phase nicht mehr selbst klären können. Auch eine Vermittlung gestaltet sich zeitaufwendig und schwierig, da die Vorstellungen und Gedanken bereits so weit verfestigt sind, dass sie der Realität entrückt sind. Sobald eine Klärung vor Gericht aufgesucht wird, ist sich jeder Beteiligte seines Gewinns absolut sicher. Sofern die richterliche Entscheidung anders ausfällt, sind die Beteiligten konsterniert. Da die Beteiligten der Ansicht sind, dass die Entscheidung des Richters nicht korrekt sein kann, wird eine nächsthöhere Instanz aufgesucht.

Die Beteiligten an einem Konflikt müssen im Übrigen nicht zwangsläufig gleichzeitig auf derselben Stufe stehen oder sich in derselben Phase befinden. Oft ist es so, dass Führungskräfte auf Stufe 2 oder 3 stehen, während ihre Mitarbeiterinnen oder Mitarbeiter bereits Stufe 3 oder 4 erreicht haben. Aus der Praxis wissen wir, dass der Unterschied aber höchstens zwei Stufen beträgt. Das ist auch nachvollziehbar: Solange zum Beispiel Person A – in der Absicht, ein besseres Produkt zu erschaffen – noch danach sucht, wer recht hat und welche Argumente das belegen können, ist es äußerst schwierig, mit Person B zusammenzuarbeiten, die bereits dabei ist, mit den Kolleginnen und Kollegen Bündnisse zu schmieden und herumzuerzählen, wie schlecht man mit Person A zusammenarbeiten kann. Daraus folgt, dass sich Person A automatisch auch auf der Stufe einfinden wird, wo Person B bereits steht. Person B ist so damit beschäftigt, Person A zu bekämpfen, dass diese ihrerseits auch eine Stufe im Eskalationsprozess weitergeht.

Es gibt zwei Filme, die wunderbare Beispiele für heftig eskalierende Konflikte sind: Im Film *Der Rosenkrieg („War of the Roses")* erlebt man ein Ehepaar im Scheidungsdrama. Sie bekriegen sich mit allen Mitteln, liefern sich Verfolgungsjagden im Haus und bewerfen sich mit Einrichtungsgegenständen. Die wirkliche Lose-Lose-Phase spielt sich in den letzten fünf Minuten ab, die ich hier natürlich nicht verraten kann. Der zweite Film, in dem eine Konflikteskalation gezeigt wird, ist der Film *Spurwechsel („Changing Lanes"),* in dem ein Anwalt auf dem Weg zum Gericht und ein geschiedener Vater, der um das Sorgerecht für seine Kinder kämpft, aus Versehen ihre Unterlagen vertauschen. Die beiden kennen sich nicht, benötigen aber dringend die Unterlagen, die ihnen abhandengekommen sind. Ein erbitterter Kleinkrieg beginnt. Dennoch gelingt es ihnen am Ende, die Sache zu klären.

Stufe 5 stellt den Wendepunkt dar

Die Stufe 5 stellt für die Parteien in einem Konflikt einen entscheidenden Moment dar, da auf dieser Stufe Vertrauen in Misstrauen umschlägt und das Gegenüber zum Feind wird. Wie das konkret abläuft, zeigt der Fall von Frau M. und Herrn J.

Fallbeispiel: Frau M. und Herr J.

Herr J., Firmenchef, und Frau M., Chefsekretärin, haben einen Konflikt. Sie arbeiten seit zwölf Jahren zusammen. Herr J. erklärt, er finde die Zusammenarbeit mit Frau M. schwierig. Er wolle gern freundschaftlich mit Mitarbeitern umgehen, doch mit Frau M. sei ihm das nie gelungen. Frau M. findet, die Art ihres persönlichen Umgangs sei für das Miteinander im geschäftlichen Kontext völlig ausreichend. Mit Kollegen müsse man schließlich nicht befreundet sein, und ganz bestimmt nicht in dieser Firma.

Nach hartnäckigem Nachfragen kommt die Katze aus dem Sack. Als Herr J. an seinem ersten Arbeitstag in der Firma Bekanntschaft mit dem Personal gemacht habe, habe er Frau M. nicht persönlich begrüßt. Eine Beleidigung erster Güte. „Wenn Herrn J. die Mitarbeiter schon so wichtig sind", ärgert sich Frau M., „dann hätte er sicherstellen müssen, dass er auch wirklich jedem die Hand geschüttelt hat."

Während Frau M. spricht, kann ich sehen, wie Herr J. auf Stufe 5 rutscht. Er bekommt einen roten Kopf, zieht die Augenbrauen zusammen und atmet schneller. Seine Kiefer verspannen sich. Er wartet ab, bis sie zu Ende gesprochen hat und sagt dann mit erhobener Stimme: „Und das haben Sie zwölf Jahre lang für sich behalten? Warum haben Sie nie etwas gesagt? Wenn das für Sie die Basis der Zusammenarbeit ist, dann bin ich mit Ihnen am Ende. Ich habe Sie in den letzten Jahren öfter bei Kollegen, die Ihre Arbeit beanstandet haben, in Schutz genommen. Und die ganze Zeit haben Sie mich einfach für einen unverschämten Kerl gehalten, der Ihnen nicht einmal die Hand gegeben hat? Ich habe viel Zeit und Geld in Ihre Ausbildung investiert, aber jetzt muss ich sagen, dass das umsonst war. Sie können jetzt kündigen, oder ich rufe im Personalbüro an, damit man Ihre Kündigung vorbereitet."

Frau M. reagiert: „Machen Sie ruhig. Ich weiß schon lang, dass Sie mich loshaben wollen. Ich habe Sie gehört, vor einem Jahr, bei einer Besprechung mit Herrn P. (dem Verantwortlichen in der Personalabteilung), als Sie ihn gebeten haben, er solle Ihnen die Unterlagen zuschicken. Ich weiß genau, warum! Sie waren damals schon dabei, Material gegen mich zu sammeln. Lassen Sie sich nicht aufhalten!"

Es stellt sich heraus, dass Frau M. längst damit beschäftigt ist, ihr eigenes Geschäft aufzubauen und dazu auch Kunden der Firma kontaktiert. Ihr gutes Recht, wie sie meint, weil das Unternehmen sie nie wirklich wertgeschätzt habe. Das sei auch mit dem alten Chef schon so gewesen, sei aber mit Herrn J. schlimmer geworden. Das mache ihre Entscheidung, zu gehen, doch nur logisch. Mit der Hilfe des Personalberaters wird eine für beide Seiten akzeptable Regelung getroffen und durchgeführt.

Bei einem Nachgespräch zeigt sich Herr J. erschrocken über sich selbst in seiner Reaktion auf Frau M. Normalerweise lasse er sich seinen Ärger nicht so anmerken, aber in diesem Fall habe er sich hinreißen lassen. Es sei nicht nur Ärger, er finde es dumm von sich, dass er sich all die Jahre so viele Gedanken um Frau M. gemacht habe. Es schmerze ihn, dass sie die ganze Zeit einen Groll auf ihn gehabt habe und nichts gesagt habe. Sie habe ihm nie vertraut, während er alles versucht habe, um ihr zu helfen. Er fühle sich betrogen.

Diese Geschichte illustriert sehr gut, wie die einzelnen Konfliktbeteiligten auf unterschiedlichen Stufen des Konflikts starten können (Frau M. ist beim Beginn des Coachings auf Stufe 5, Herr J. schwankt zu dem Zeitpunkt noch zwischen Stufe 2 und 3). Durch die Information von Frau M. ging Herr J. ebenfalls auf Stufe 5. Auch die von Herrn J. genannten Gefühle sind typisch für diese Stufe. Es brauchte noch zwei Gespräche, um sein natürliches Vertrauen zu anderen Menschen wiederherzustellen.

Für einen Konflikt-Coach ist es von unschätzbarem Wert, wenn er in der Lage ist, die Übergänge zu Stufe 5 zu erkennen, um in dieser Phase angemessen helfen zu können. Darüber später mehr.

1.5 Konflikttypologie

Neben dem Eskalationsgrad gibt es noch weitere nützliche Unterscheidungsmerkmale, die es erleichtern, die Sachlage zu verstehen und die Haltung der

Konfliktparteien zueinander einzuschätzen. Diese Typisierungen geben dem Konflikt-Coach außerdem Hinweise darauf, welche Coachingstrategie er am besten einsetzen kann. Bei der Typisierung kann es zu Überschneidungen kommen.

1.5.1 Warme und kalte Konflikte

Manchmal kann man es sofort sehen: Diese Menschen haben einen Konflikt miteinander! Sie haben hochrote Köpfe, sprechen laut, gestikulieren mit den Armen, zeigen aufeinander oder werden handgreiflich. Viele Menschen denken dann, dass sie hier einen heftig eskalierenden Konflikt erleben. Das muss aber nicht unbedingt zutreffen. So sind manche Menschen ausdrucksstarke Wesen, die Gespräche auf eine expressive Art und Weise führen. Von außen betrachtet kann dies verglichen mit Menschen mit einem ruhigeren Temperament wie ein Spektakel wirken. Wenn Konflikte sich in einer ausdrucksstarken Weise manifestieren, spricht man von warmen Konflikten.

Kalte Konflikte hingegen sind von außen kaum wahrnehmbar und können dadurch jahrelang vor sich hin schwelen und eskalieren, ohne dass sich das Umfeld dessen bewusst ist. Bei meiner Coachingtätigkeit habe ich vor allem die folgenden Verhaltensweisen erlebt:

- Unhöflichkeit der Konfliktparteien untereinander,
- aneinander Vorbeischauen, jede Berührung vermeiden,
- sich mit „Frau“ oder „Herr“ und scharfem Unterton ansprechen,
- Zynismus bezüglich der Situation: „In diesem Betrieb nennt man das Management“,
- den Kontrahenten mit Sätzen wie „Er ist nun einmal so“ oder „Der Herr glaubt, sich nicht an Regeln halten zu müssen“ beschreiben,
- eine Ohnmacht, die sich in Sätzen wie „Darauf habe ich keinerlei Einfluss“ oder „Diese Entscheidungen wurden ohne mich getroffen“ äußert,
- eine übertrieben große Menge an Beweisen mitbringen, die belegen, dass man recht hat,
- öffentlich die Möglichkeit, den Konflikt zu lösen, anzweifeln.

Die Unterscheidung von warmen und kalten Konflikten ist sinnvoll, weil sich dadurch besser einschätzen lässt, wie weit der Konflikt bereits eskaliert ist. Kalte Konflikte können leichter immer weiter eskalieren als warme, weil sie für Außenstehende schwer wahrnehmbar sind. Wenn Sie merken, dass ein kalter Konflikt vorhanden ist, kann es sich lohnen, das Ganze ein wenig aufzuwärmen, um die Konfliktparteien aus der Reserve zu locken, damit sie ihren Emotionen Ausdruck verleihen können. Andernfalls können sie noch sehr lange weiter herumstreiten und ungerührt behaupten, dass sie wirklich keinen Konflikt haben. Deshalb ist es sehr wichtig, dass der Konflikt-Coach eskalieren (lassen) kann.

1.5.2 Sachkonflikte versus psychosoziale Konflikte

In der Literatur (u.a. De Dreu, 2008) wird zwischen Konflikten unterschieden, bei denen die Beziehung der Konfliktparteien nicht Gegenstand der Auseinandersetzung ist, und Konflikten, die sich um die Beziehung der Beteiligten drehen.

Konflikte der ersten Sorte werden Sachkonflikte oder arbeitsbezogene Konflikte oder kognitive Konflikte genannt. Sachkonflikte können durch den Austausch von Informationen bereinigt werden, oder indem die üblichen Standards eingeführt werden, oder indem man Strukturen deutlich darstellt. Konflikte der zweiten Sorte werden sozial-emotionale Konflikte, Beziehungskonflikte oder affektive Konflikte genannt. Diese Konflikte lassen sich über die Klärung der Emotionen lösen, wodurch sich der Konflikt mehr in Richtung eines Sachkonflikts bewegt.

Aus Erfahrung kann ich sagen, dass es sich bei Konflikten in der Win-Win-Phase der Konflikteskalation nach Glasl in erster Linie um Sachkonflikte handelt. Dabei wird um sachliche Aspekte wie Aufgabenbeschreibung, Beiträge für ein Projektteam oder die Entwicklung neuer Produkte gestritten. Das Zusammentreffen verschiedener Wahrheiten führt zu einem verbesserten Ergebnis, weil über den Wert von Wissen, Können und Erfahrung verhandelt wird. Alle Beteiligten sind noch in der Lage, sich auf das angestrebte Ziel zu fokussieren, auch wenn das schwieriger wird, je näher die Stufe 4 heranrückt.

Die Konflikte in der Win-Lose-Phase der Eskalation sind oft eine Kombination aus Sach- und Beziehungskonflikten. Je mehr der Konflikt eskaliert, desto mehr kippt das Gleichgewicht in Richtung Beziehungskonflikt. Es ist an sich nicht verwunderlich, dass in dieser Phase sowohl der kognitive als auch der affektive Aspekt eines Konflikts eine Rolle spielt. Durch die Streiterei in der ersten Phase werden die Emotionen getriggert, die sich in der zweiten Phase mit auswirken.

Die Konflikte in der dritten Phase der Konflikteskalation sind reine Beziehungskonflikte. Die Beteiligten benehmen sich auf eine Art und Weise, die keineswegs effektiv ist, wenn es darum geht, ein gemeinsames Ziel zu erreichen. Das Ziel haben beide Parteien längst aus den Augen verloren. Es geht nur noch darum, den anderen fertigzumachen, bevor er der Welt noch mehr Schaden zufügt.

1.5.3 Meinungsunterschiede und gegensätzliche Interessen

De Dreu (2008) unterscheidet zwischen Meinungsunterschieden und gegensätzlichen Interessen.

- Bei Meinungsunterschieden verfolgen die Beteiligten dasselbe Ziel und oft auch dasselbe Interesse. Allerdings besteht Uneinigkeit darüber, wie diese Interessen am besten umgesetzt werden. Stellen Sie sich zwei Projektmitarbeiter vor, die gemeinsam an einem Automatisierungssystem arbeiten. Der eine ist der inhaltliche Experte auf dem Gebiet der Firma und der Branche, der andere ist der inhaltliche Experte für Automatisierung und kennt sich gut mit Programmierung und Darstellung am Bildschirm aus. In einem halben Jahr wird das Ergebnis erwartet. Momentan streiten sie darüber, was der Nutzer tatsächlich auf dem Bildschirm sehen möchte.

- Diese Art von Konflikten kann sehr nützlich und produktiv sein, zumindest, wenn die Parteien konfliktfähig sind. Dann können sie ihr Wissen, ihre Fähigkeiten und ihre Erfahrungswerte einbringen und teilen. Davon profitiert das Endprodukt, weil es durchdachter und ausgereifter ist. Schon allein, wenn die Gegenpartei lernt, einen Dialog zu führen, anstatt zu debattieren, sind sie ein gutes Stück auf dem richtigen Weg.
- Bei Interessenskonflikten ist es so, dass die beiden Parteien zwar etwas gemeinsam zu machen haben, sie tun dies aber aus unterschiedlichen Interessen. Zur Illustration können Sie sich wieder ein Automatisierungsprojekt mit denselben Mitarbeitern vorstellen. Nur ist der Firmen- und Branchenexperte zugleich der IT-Spezialist der Firma, der außerdem schon die heutige Software an die Userwünsche angepasst hat. Wenn nun ein externer IT-Fachmann erklärt, für die Firma sei eine andere Software besser geeignet, dann ist der Konflikt vorgezeichnet. Der firmeninterne Experte wird sein Programm mit allen Mitteln verteidigen, sonst wären ja seine Anstrengungen der letzten Jahre umsonst gewesen. Der externe Experte möchte gern ein Programm verkaufen, da dies seine Haupteinnahmequelle ist. Bei solchen Konflikten geht es darum, herauszufinden, wie die Interessen sich zueinander verhalten und wie den Interessen beider Seiten am besten entsprochen werden kann. Ein kreatives Brainstorming kann dabei gute Dienste leisten.

Mastenbroek (1982) nimmt eine noch feinmaschigere Einteilung vor. Er unterscheidet:

- *Kompetenzkonflikte,* bei denen es hauptsächlich um bestehende Unklarheiten (über Ziele, Mittel, Vorgehensweisen und Strukturen) geht, für die Lösungen gesucht werden. Diese Art von Konflikten sind im Wesentlichen arbeitsbezogene Konflikte.
- *Psychosoziale Konflikte.* Hierbei geht es hauptsächlich darum, dass die Beteiligten sich nicht in die Lage des jeweils anderen hineinversetzen können und dadurch die Schwachstellen der Kommunikation nicht sehen können.
- *Verteilungskonflikte.* Die Beteiligten streiten sich um die Verteilung einer Sache oder Dienstleistung.
- *Machtkonflikte.* Die Beteiligten befinden sich in einer dysfunktionalen Abhängigkeitsbeziehung.

Verteilungs- und Machtkonflikte sind beides Interessenskonflikte. Wenn es einen Mangel an etwas gibt, haben die Konfliktparteien ein Interesse daran, von dem wenig Vorhandenen etwas abzubekommen. Das heißt nicht, dass jedes Interesse in demselben Umfang zur selben Zeit Berücksichtigung finden muss, da ein gewisser Verhandlungsspielraum existiert.

Bei Machtkonflikten steht die Frage im Raum, wer wem was zu sagen hat. Auch dabei geht es um Interessen. Mulder (2004) erklärt, dass es immer dann wenig Konflikte gibt, wenn die Machtverteilung klar und deutlich definiert ist und wenn der Machtabstand weder zu groß noch zu klein ist. Wenn der Machtabstand zu groß ist, kann derjenige mit der geringen Macht das Gefühl bekommen, er habe nichts mehr zu verlieren. So kann er dann auch den Kampf mit dem Mächtigen angehen. Wenn der Machtabstand zu klein ist, kann derjenige mit der geringen Macht das Gefühl bekommen, er könne dem Mächtigen Herr werden, und er wird versuchen, selbst der Mächtige zu werden. Ich habe oft erlebt, dass es hilfreich ist, bei dieser Art von Konflikten den Machtbegriff genau unter die Lupe zu nehmen. Macht ist schließlich eine Beziehung, bei der die Partner mit ihren Grenzen spielen. In Kapitel 4.2.1 gehe ich näher auf die Konflikte ein, wie Mastenbroek (1982) sie unterscheidet.

1.6 Warum ist es wichtig, dass ein Konflikt-Coach eine Situation eskalieren lassen kann?

Es gibt Konflikte, die über Jahre anhalten. Wenn am Ende eine Win-Win-Situation dabei herauskommt, ist alles in Ordnung. In manchen Unternehmen ist es kulturell akzeptiert, dass sich die Interaktionen im Bereich von Win-Win-Situationen eines Konflikts bewegen. In solchen Unternehmen sind die Führungskräfte und die Belegschaft entsprechend konfliktfähig, um aus Konfliktsituationen Win-Win-Situationen werden zu lassen. Das sind die Situationen, in denen Wettbewerb und Konkurrenz als Kernqualitäten gelten, zum Beispiel in einer Marketing- oder Verkaufsabteilung.

Anders verhält es sich, wenn das Management und die Mitarbeiterinnen und Mitarbeiter nicht oder nur unzureichend konfliktfähig sind. Dann kann es vorkommen, dass sich die Konfliktparteien jahrelang auf Stufe 3 oder 4 der Konflikteskalation gefangen halten und fortwährend damit drohen, auf die nächste Stufe zu gehen. Emotional ist das sehr belastend. Die Konfliktparteien können nicht mehr deeskalieren, dafür stecken sie bereits zu lang im Schützengraben. Es kann hilfreich sein, eine unparteiische dritte Person hinzuzuziehen, die bei der Lösungsfindung helfen kann. Manchmal ist aber eine Eskalation notwendig.

Fallbeispiel: Herr M. und Frau S.

Herr M. und Frau S. arbeiten bei derselben Firma in einer Abteilung. Sie werden ein Paar und bekommen bald darauf ein Kind. Danach verschlechtert sich ihre Beziehung, sie trennen sich, arbeiten aber beide in derselben Firma weiter.

Die Spannungen zwischen ihnen sind am Arbeitsplatz deutlich zu spüren. Ihr Vorgesetzter schlägt vor, dass einer von beiden in eine andere Abteilung wechselt. Herr M. hält davon nichts, Frau S. findet die Idee gut. Herr M. kann in einer anderen Abteilung anfangen, doch er weigert sich, weil es ihm zufolge in der aktuellen Situation gar keine Probleme gibt. Seine ehemalige Partnerin ist an ihre Abteilung gebunden und kann daher nicht wechseln. Zugleich ist sie diejenige, die die Spannungen nicht mehr erträgt, weshalb es zum Zusammenbruch kommt. Wochenlang ist sie krankgeschrieben und fängt dann an, unter ihrem Niveau in einer anderen Abteilung zu arbeiten. Auch hier sieht sie ihren ehemaligen Partner noch jeden Tag, obwohl beide mit ihren Vorgesetzten besprochen haben, dass sie sich so wenig wie möglich begegnen wollen.

Der Betriebsarzt spricht von einem Konflikt zwischen den beiden Mitarbeitern und schlägt eine Mediation vor. Herr M. lehnt zunächst ab. Er ist der Meinung, ihre Beziehung habe nichts mit ihrer Arbeit zu tun. Sein Vorgesetzter stellt ihn vor die Wahl: Mediation oder Wechseln in eine andere Abteilung. In der Mediation zeigt sich schon bald, dass Herr M. mit der Beendigung der Beziehung zu Frau S. nicht gut zurechtkommt, es sich aber nicht eingestehen will. Der Mediator provoziert ihn so lange, bis er einräumt, sich mit dem Ende der Beziehung nicht abfinden zu können. Erst in dieser Situation können die beiden wirklich offen miteinander über ihre Beziehung und deren Ende sprechen sowie über die Auswirkung ihrer privaten Situation auf die Arbeit.

Manchmal gibt es eine Art Freundschaftskultur in Unternehmen. Das heißt, alle sind miteinander befreundet, man trifft sich zu Geburtstagsfeiern oder zu anderen (privaten) Gelegenheiten und reagiert empathisch aufeinander. Das kann sehr angenehm sein, hat aber eine Kehrseite: Es besteht die Gefahr einer Kultur der Mittelmäßigkeit. Da alle miteinander befreundet sind, wagt niemand, den Kollegen auf die unerwünschte Wirkung seines Verhaltens oder seiner Handlungen hinzuweisen. Wenn es dennoch geschieht, ist immer jemand zur Stelle, der die Verteidigung übernimmt. Viele wagen gar nicht erst, ihre Meinung zu sagen, aus Angst, die Harmonie zu stören. In diesen Unternehmen schlummern unter der scheinbar glatten Oberfläche viele Konflikte, die erst durch eine Eskalation sichtbar werden.

Hilfreich ist, wenn der Konflikt-Coach keine Angst vor Emotionen, vor heftigen Ausbrüchen oder eisiger Höflichkeit hat. Dann kann er in solchen Situationen mit adäquaten Interventionen einschreiten. Dazu gehören: Provozieren, Tabus durchbrechen, den Finger in die Wunde legen usw. Wenn das mit Respekt und Augenmaß geschieht, sind die Beteiligten hinterher froh, dass sie gecoacht wurden.

1.7 Wann ist eine Person dazu fähig, Konflikte zu coachen?

Am schönsten ist es, wenn die Beteiligten selbst in der Lage sind, mit ihren Konflikten zurechtzukommen. Damit können sie mit minimalen Mitteln maximalen Gewinn aus einem Konflikt holen. Sollten die Konfliktparteien zu sehr eskalieren, können die Kollegen und Vorgesetzten intervenieren, auch wenn Vorgesetzte beachten sollten, dass sie dann womöglich in verschiedenen Rollen agieren.

Wenn ein Konflikt weiter eskaliert, ist es empfehlenswert, eine unabhängige dritte Person hinzuzuziehen. Es gibt mehrere Möglichkeiten:

- *Hinzuziehen eines Konflikt-Coaches.* Der Konflikt-Coach coacht eine, mehrere oder alle Konfliktparteien im Hinblick auf einzelne Kompetenzen, wie Kommunikations- und Verhandlungskompetenz, interessensgeleitetes Denken usw. Das Ziel eines Konflikt-Coachings ist nicht die Herbeiführung einer Lösung des Konflikts, sondern die Verbesserung der Interaktion zwischen den Konfliktparteien und die Verbesserung ihrer Konfliktfähigkeit, sodass sie letzten Endes den Konflikt selbst lösen und in der Zukunft besser mit Konflikten umgehen können.
- *Hinzuziehen eines Mediators.* Ein Mediator ist ein unabhängiger Dritter, der die Gespräche der Konfliktparteien begleitet. Das Ziel ist, eine Lösung für den Konflikt zu finden. Der Mediator kann die Interaktion der Konfliktparteien thematisieren und bearbeiten, notwendig ist das aber nicht. Mediation zeichnet sich durch die formal strengere Herangehensweise aus. Es gibt ein Anfangsabkommen, in dem sich die Konfliktparteien mit dem Einsatz und der Methode des Mediators einverstanden erklären. Und es gibt ein Schlussabkommen, in dem die Konfliktparteien die getroffenen Vereinbarungen festhalten.
- *Hinzuziehen eines Schlichters.* Ein Schlichter steht über den Parteien und spricht auf der Basis der Informationen, die er von den Parteien erhält, eine unabhängige, aber bindende Empfehlung aus. Die Konfliktparteien haben im Vorfeld zugestimmt, die Lösung des Schlichters umzusetzen.
- *Hinzuziehen eines Anwalts.* Ein Anwalt ist ein Interessensvertreter, der für und im Namen einer der Konfliktparteien auftritt. Dabei werden vor allem juristische Aspekte beleuchtet: Worauf besteht ein Anspruch?
- *Die Sache vor Gericht bringen.* Wenn ein Konflikt unlösbar erscheint, kann das Urteil eines Richters erbeten werden. Der Richter verkündet ein Urteil, welches bindend ist und durchgesetzt werden kann.

Welche Art von Begleitung ist auf welcher Stufe der Konflikteskalation nach Glasl sinnvoll?

Auf den ersten beiden Stufen der Konflikteskalation nach Glasl (2001) sind die Konfliktparteien sehr gut in der Lage, ihren Konflikt zu lösen. Oft fühlt sich die Situation gar nicht wie ein Konflikt an, sondern wie eine Meinungsverschiedenheit oder eine handfeste Diskussion. Wenn man dann mit dem Coaching beginnt, ist es ziemlich wahrscheinlich, dass die Sache eskaliert, weil die Konfliktbeteiligten bisher keinen Konflikt wahrgenommen haben, aber durch das Coaching das Gefühl bekommen, der Konflikt sei doch da. Die Beteiligten beginnen, einander mit anderen Augen zu sehen, und etwas in ihnen explodiert.

Es ist von hoher Wirksamkeit, die Person mit nicht ausreichender Konfliktfähigkeit zu coachen, um dadurch den Konflikt in eine nützliche, wertvolle Situation umzuwandeln. Die in Kapitel 4.1.1 beschriebene Kompetenz Konfliktfähigkeit kann hier als Leitfaden dienen. Auch eine einfache Intervention der Kollegen oder des Vorgesetzten („Na, hier geht's ja rund!" oder „Laufen eure Besprechungen immer so ab?" oder „Was ist denn hier los?") kann aufschlussreich sein, da sie zumindest deutlich macht, dass die Situation nicht wirklich normal ist.

Ab Stufe 3 bis 4 wird es für die Konfliktparteien schwierig, aus dem Konflikt noch auszusteigen. Emotionen und Mutmaßungen nehmen zu, wodurch die Beteiligten immer weniger in der Lage sind, die Situation zu relativieren und dem (den) Kontrahenten objektiv zu begegnen. In diesen Momenten kann Konflikt-Coaching helfen.

Wenn sich die Konfliktparteien bereits auf Stufe 8 oder 9 befinden, ist es so gut wie unmöglich, sie gemeinsam zu coachen. Die Parteien haben dann einen Zustand erreicht, in dem sie den/die Kontrahenten am liebsten eliminieren würden, sogar, wenn sie sich damit selbst schaden. Diese Menschen haben bereits einen langen Weg hinter sich und einen hohen Preis bezahlt. Für sie kann es höchstens eine Lösung in Form eines richterlichen Urteils geben, was sie aber dann möglicherweise nicht akzeptieren.

Wenn eine der Parteien schon so viele Stufen der Eskalation hinter sich gelassen hat, kann man sie zwar noch coachen, es erfordert aber viel Zeit und Können. Diese Menschen halten an ihren einmal gebildeten Vorstellungen, an ihrer Wahrheit und an der Geschichte, so wie sie sie sehen, fest und es braucht viel Kraft und Geduld, um sie wieder zu ihrem normalen, freundlichen, vernünftigen Selbst zurückzuführen. In seinem Buch *Konflikt, Krise, Katharsis* beschreibt Glasl (2008), wie man das bewerkstelligen kann.

Blick für juristische Angelegenheiten

Wenn Konfliktparteien ihren Konflikt im Zuge einer Mediation lösen, sind alle Informationen, die sie während der Mediation ausgetauscht haben, vertraulich. Eine Ausnahme bilden Informationen, die bereits vor der Mediation bekannt waren. Dies ist insbesondere von Bedeutung, wenn über juristische Konsequenzen, beispielsweise eine Kündigung, diskutiert wird. Beim Konflikt-Coaching gibt es diesen Schutz nicht. Der Coach ist selbstverständlich an die Vertraulichkeit gebunden, aber nicht die Coachees. Wenn absehbar ist, dass Konflikte juristische Folgen haben werden, ist es eventuell besser, einen Mediator einzuschalten als einen Konflikt-Coach. Zudem besteht die Option, zeitgleich einen Mediator und einen Konflikt-Coach einzusetzen, wobei der Konflikt-Coach sich mit dem Verhalten der Coachees auseinandersetzt und der Mediator mit den Verhandlungen und dem Treffen von Absprachen.

1.8 Abschließende Bemerkungen

In diesem Kapitel habe ich vor allem zeigen wollen, dass Konflikte normale Situationen sind, die zum Zusammenleben und Zusammenarbeiten gehören. Dabei sind die Angst vor Konflikten und einhergehendes Vermeidungsverhalten oft anerzogen und erlernt. Dies hat zur Konsequenz, dass vielen Menschen wertvolle Momente, Lern- und Entwicklungschancen verwehrt bleiben. Wenn man einmal verstanden hat, wie Konflikte funktionieren, warum sie entstehen und wie sie eskalieren, kann man eigene Konflikte besser bewältigen und anderen dabei helfen, ihre Konflikte zu managen. Damit würden alle zu einer Gesellschaft beitragen, in der Konflikte dazu dienen, den Frieden in der Welt zu gewährleisten.

Ein Konflikt-Coach braucht graue Haare – Ein Gespräch mit Philine Spruijt

1. Wie stehen Sie persönlich zu Konflikten?

Ich finde Konflikte interessant und auch immer etwas einschüchternd. Das kommt wohl daher, weil wir in der Regel nicht lernen, mit Konflikten umzugehen und uns in diesem Bereich weiterzuentwickeln. Es hat aber auch mit der allgemein geltenden Vorstellung zu tun, Konflikte seien schlecht und wir sollten versuchen, in Harmonie miteinander zu leben. So haben es die meisten von uns zu Hause gelernt (wobei kaum jemals darüber gesprochen wird). Ich wäre im Umgang mit Konflikten gern souveräner.

2. Was halten Sie von Konflikt-Coaching?

Ich finde es ausgesprochen gut, gecoacht zu werden, wenn ich einen Konflikt habe. Bei mir ist es oft so, dass ich sehr schnell in meine immer gleichen, vertrauten, starren und/oder peinlichen Muster verfalle, und dann hilft mir ein Coach (sehr vorsichtig), diese Haltungen loszulassen. Für mich ist das ein besserer Weg, mit dem Konflikt umzugehen und ihn dann auch loszulassen. Besser als nach Jahren in der Sendung „rijdende rechter“[2] aufzutreten oder mir mein Leben verderben zu lassen.

3. Was, würden Sie sagen, braucht ein Coach, um Konflikte coachen zu können?

Graue Haare, oder anders gesagt: Erfahrung mit Konflikten. Die Fähigkeit, sich in andere Menschen hineinzuversetzen. Ein Konflikt-Coach sollte seine persönlichen Auffassungen, Meinungen, Glaubenssätze über Konflikte gut kennen.

4. Was möchten Sie außerdem den Leserinnen und Lesern zu diesem Thema sagen?

Ich bin absolut davon überzeugt, dass es, würden wir alle mehr über Konflikte und Konflikt-Coaching wissen und würden wir dieses Wissen aktiv einbringen, dann viel weniger scheußliche, langwährende und energieraubende Konflikte geben würde. Ich fände es gut, wenn Konflikte und Konflikt-Coaching viel früher thematisiert würden, als es heute meist der Fall ist. Konflikte scheinen für viele Menschen – so ähnlich wie der Tod – etwas zu sein, was nicht zum Leben gehört, und deshalb gehen sie krampfhaft damit um, und am Ende wird aus einer Mücke ein Elefant. Es wäre schön, wenn es uns gelänge, die Elefanten auf realistische Maße zu stutzen. Nicht mit dem Ziel der ewigen Harmonie, sondern mit dem Ziel, ein ausgeglicheneres Leben zu führen.

Philine Spruijt ist Coach, Trainerin und Autorin. Sie führt ihr eigenes Unternehmen (www.pstc.nl) und ist Partnerin beim CoachingCarrousel (www.coachingcarrousel.com).

---

2 Anmerkung der Übersetzerin: Hierbei handelt es sich um eine niederländische Fernsehsendung, bei der Streitereien vor der Kamera ausgetragen werden und am Ende ein mobiler Richter („rijdende rechter“) hinzukommt und ein bindendes Urteil spricht.

2 Wodurch unterscheidet sich das Konflikt-Coaching von einem regulären Coaching und der Mediation?

Was erwartet mich in diesem Kapitel?

Seit 1999 beschäftige ich mich mit Konflikten in Unternehmen, Institutionen und Organisationen. Ich habe in vielen Konfliktsituationen gecoacht, vermittelt, Mediation angeboten und Training oder Beratung durchgeführt. Mit der Zeit lernte ich die Unterschiede der einzelnen Methoden genau kennen.

Im ersten Teil dieses Kapitels geht es um Coaching in einer Eins-zu-eins-Situation und die Frage, wie man dem Coachee nahebringt, den Konflikt als Lernprozess zu begreifen. Eine Annäherung erfolgt über die Definition, was eine Konfliktlösung überhaupt ist. Wenn Sie davon ausgehen, dass Konfliktlösung bedeutet, die Situation so schnell wie möglich vom Tisch zu bekommen, vergeben Sie die Chance auf Reflexion und Weiterentwicklung.

In der Definition von Marijke Lingsma und mir („Ein Konflikt ist das Aufeinanderprallen von Wahrheiten, die nicht in eine Geschichte passen") bedeutet Konfliktlösung, dass die eigene Wahrheit ihren Platz in der gemeinsamen Wahrheit finden muss oder dass die gemeinsame Geschichte erweitert werden muss. Das Einbinden der eigenen Wahrheit benötigt die Fähigkeit zur Reflexion, damit Kreativität stattfinden, die eigenen Auffassungen, Meinungen und Annahmen auf den Prüfstand gestellt und Emotionen reguliert werden können. Wenn die Geschichte in einen größeren Rahmen gestellt werden soll, braucht es Veränderung bzw. Verbesserung in der Kommunikation und Interaktion, damit man gemeinsam die Geschichte neu schreiben kann. Die Kompetenz Konfliktfähigkeit dreht sich im Großen und Ganzen um diese Punkte (vgl. Kapitel 4.1.1). Während des Coachings werden Sie merken, dass die Lage entschärft wird und dass den Coachees das eine oder andere Licht aufgeht.

Die Arbeit eines Konflikt-Coaches ist nicht ohne Risiken und Stolperfallen. Glücklicherweise gibt es auch Mittel und Wege, die Stolperfallen zu umgehen. Auch darüber erfahren Sie mehr in diesem Kapitel.

Das Konflikt-Coaching scheint der Mediation sehr ähnlich zu sein, es gibt aber deutliche Unterschiede, wie Sie im zweiten Teil dieses Kapitels lesen können. Die Mediation geht lösungsorientiert an Konflikte heran. Beim Konflikt-Coaching steht der

Lernprozess der Coachees im Mittelpunkt, auch wenn das gemeinsame Ziel, eine Lösung zu finden, immer mit im Raum steht. Der Lernprozess ist nicht einfach: Die Coachees formulieren oft keine expliziten Lernziele für sich, sondern fokussieren auf ein einziges Ziel, das da lautet: Der Konflikt muss aus der Welt! Das bedeutet, dass der Coach zunächst selbst eine Diagnose bezüglich der fehlenden Kompetenzen der Konfliktparteien in ihrer Interaktion miteinander stellt. Und danach animiert der Coach die Konfliktparteien dazu, diese Lernziele zu übernehmen, und coacht sie, bis sie in der Lage sind, den Konflikt selbst zu lösen. Die Lösung wird manchmal noch nicht während der Zeit des Coachings gefunden.

2.1 Konflikt-Coaching als Kompetenz

In ten Hoedt et al. (2005) findet sich eine Übersicht der Kompetenzen, die es braucht, um Konflikte zu coachen. Diese hat nach wie vor ihre Gültigkeit. Eine Zusammenfassung gibt der folgende Kasten wieder.

Wichtige Kompetenzen für das Coaching von Konflikten (vgl. ten Hoedt et al., 2005)

Ein Konflikt-Coach ist jemand, der bei Konflikten anderer Menschen als Begleiter hinzugezogen wird. Dabei geht es nicht um Mediation, Schlichtung oder Rechtsprechung. Ein Coach fokussiert auf den Lernprozess der Beteiligten, indem er sie auf ihre Verantwortung für ihre persönliche und berufliche Entwicklung hinweist. Ein Konflikt-Coach tut dasselbe, aber sein Blick richtet sich insbesondere auf die Entwicklung der Kompetenz Konfliktfähigkeit.

Das Konflikt-Coaching kann in einer Eins-zu-eins-Situation stattfinden, ähnlich wie bei einem persönlichen oder individuellen Coaching, aber viel häufiger wird es um das Coachen von zwei oder mehreren Personen zugleich gehen, nämlich den Konfliktparteien und eventuell weiteren Beteiligten, Teams, Abteilungen oder größeren Zusammenarbeitsverbänden (...).

Ein Coach engagiert sich für das ergebnisorientierte Begleiten von Lernprozessen einzelner Personen, Teams, Systeme und Organisationen in einem Arbeitskontext. Ausgangspunkt ist die ergebnisorientierte Begleitung, die darauf abzielt, der gecoachten Person ihre Eigenverantwortung und ihre Zuständigkeit für ihren Lernprozess und ihre Ziele bewusst zu machen.

Ein Konflikt-Coach fokussiert auf die Entwicklungsmöglichkeiten im Bereich der Eigenverantwortung und Zuständigkeit der Beteiligten, um ihre Konfliktkompetenz zu stärken, sowohl in ihrer aktuellen Position als auch in ihrer gesamten Karriere. Dies geschieht durch:

- *Individuelles Coaching.* Der Fokus liegt auf der persönlichen Entwicklung und der Erkenntnis des Eigenanteils an allen vorhandenen oder potenziellen Konflikten und den daraus resultierenden Konsequenzen.
- *Konfliktbegleitung.* Der Konflikt-Coach lässt die Beteiligten gemeinsam einfache, schlummernde und mittelgroße Konflikte als Verantwortliche für die Situation lösen.

Das heißt, ein Konflikt-Coach verfügt über die allgemeinen Kompetenzen, die jeder Coach benötigt, richtet sich aber speziell auf die Konfliktsituation aus. Beim Coaching werden fünf Kompetenzbereiche unterschieden:
- Die Kompetenzen, die das Begleiten von Lernprozessen betreffen.
- Die Kompetenzen, die den Arbeitskontext betreffen.
- Die Kompetenzen, die eine sinnvolle Ergebnisorientierung betreffen.
- Die Kompetenzen, die die Selbststeuerung betreffen.
- Die Kompetenzen, die das eigene professionelle Handeln betreffen.

1. Kompetenzen, die das Begleiten von Lernprozessen betreffen

Zu nennen sind:
- Analysen in Worte fassen können,
- Interaktion nutzen,
- das Vorgehen in kleine Schritte unterteilen,
- eine Fragestellung in einem einladenden Ton (offen, ehrlich und neugierig) formulieren,
- sich einfühlen, indem man Dinge benennt oder nach unerwarteten Emotionen fragt,
- benennen, was während des Coachingprozesses geschieht,
- den Konfliktparteien Wahlmöglichkeiten aufzeigen.

2. Kompetenzen, die den Arbeitskontext betreffen

Zu nennen sind:
- einen systemorientierten Blick entwickeln,
- die Fragestellung mit den Positionen, Rollen, Kommunikationswegen und Prozessen innerhalb der Organisation verknüpfen,
- das Verhalten, die Ansichten und/oder die persönlichen Motive der Beteiligten aus der (geänderten) Sicht der Organisation besprechen,
- die beruflichen Standards bzw. die Standards des Unternehmens besprechen.

3. Kompetenzen, die eine sinnvolle Ergebnisorientierung betreffen

Zu nennen sind:
- die Lernfrage/die Beschwerde und das Ziel miteinander verknüpfen,
- den Fortschritt kontinuierlich evaluieren,
- Investition und Machbarkeit miteinander verknüpfen,

- Rücksprache mit den unmittelbar Beteiligten, dem Auftraggeber und Führungskräften anderer Abteilungen halten,
- Zusammenhänge herstellen zwischen dem Verhalten der Konfliktparteien (dazu gehört auch ihr Verhalten während der Treffen), dem Konflikt und der Position der Konfliktparteien im Unternehmen,
- den Coachingstil und die Gesprächsstruktur an das angestrebte Ergebnis und die aktuelle Stufe der Konflikteskalation anpassen,
- mit den eigenen sowie den Emotionen und Überzeugungen der Konfliktparteien ergebnisorientiert und funktional umgehen.

4. Kompetenzen, die die Selbststeuerung betreffen

Zu nennen sind:
- die Verantwortung für den Lernprozess bei den Konfliktparteien lassen,
- benennen, welchen Effekt das Verhalten der Konfliktparteien als System an sich hat,
- deutlich, aber auch mit Nachsicht mit dem Anlass des Coachings konfrontieren,
- darüber sprechen, inwieweit Konfliktresistenz und/oder Konfliktkompetenz vorhanden sind bzw. fehlen, und zwar in Bezug auf die jeweilige Position,
- Muster in den Reaktionen der Konfliktparteien ansprechen,
- sich in der Sache unbefangen, überparteiisch und nachsichtig positionieren.

5. Kompetenzen, die das eigene professionelle Handeln betreffen

Zu nennen sind:
- wahrnehmen, wie man auf andere Menschen wirkt, und dies berücksichtigen,
- sich der eigenen Haltung und Auffassung über Konflikte bewusst sein,
- aktiv um Feedback bitten und dieses berücksichtigen,
- Momente der Reflexion (mit anderen) einbauen,
- konfliktfähig sein und im Konflikt-Coaching kompetent sein.

Diese Kompetenzen umfassen eine ganze Reihe von Fertigkeiten, die man sich aneignet, während man mit dem Coachee daran arbeitet, dessen Fähigkeiten im Konfliktmanagement zu verbessern. In diesem und im nächsten Kapitel werde ich diese Kompetenzen noch mit theoretischen und praktischen Informationen unterfüttern.

2.2 Das Coachen einer Konfliktpartei

Das Coachen einer Einzelperson zur Förderung der Konfliktkompetenz, ähnelt sehr einem regulären Coaching mit einem Ziel („Wie werde ich konfliktfähiger?") und einer Messlatte (dem Verhalten, das ich im aktuellen Konflikt zeige, und der

Frage, wie ich mein Verhalten ändern kann, um aus diesem Konflikt herauszukommen und für andere, künftige Konfliktsituationen besser gewappnet zu sein). Aber es gibt noch ein weiteres Ziel, nämlich die Einflussnahme auf die andere Konfliktpartei bzw. die anderen Konfliktparteien, um gemeinsam zu einer Lösung zu kommen. Ohne den anderen kann der Coachee den Konflikt ja nicht lösen. Das heißt, dass Sie als Coach den Kontext des Konflikts als wichtigen Rahmen für die Coachingarbeit berücksichtigen müssen.

Beim Konflikt-Coaching gibt es für den Coach einige mögliche Stolperfallen, die insbesondere dann auf ihn lauern, wenn er nur eine der Konfliktparteien coacht. Er hört dann nur die eine Seite der Geschichte, welche durch die Emotionen des Coachees in kräftige Farben getaucht wird. Deshalb beschreibe ich die Stolperfallen an dieser Stelle, obwohl sie natürlich auch dann Thema sind, wenn der Coach alle Konfliktparteien gleichzeitig coacht:

1. Sich inhaltlich in das Konfliktgeschehen verwickeln lassen.
2. Sich emotional in das Konfliktgeschehen verwickeln lassen.
3. Parteilichkeit und Helfermentalität.
4. Lösungen vorgeben.
5. Den Kontext aus den Augen verlieren.

Diese Aufzählung ist gewiss nicht vollständig, es sind lediglich die Fallstricke, die ich selbst erlebt habe oder die mir von Kollegen berichtet wurden.

2.2.1 Sich inhaltlich in das Konfliktgeschehen verwickeln lassen

> **Fallbeispiel: Herr C.**
>
> Herr C. ist der oberste Chef eines Familienunternehmens. Zwei Brüder, ein Neffe und ein Onkel leiten jeweils Tochterunternehmen. Eine Nichte ist Büromanagerin und eine Schwester Leiterin der PR-Abteilung.
>
> Wegen zahlreicher Konflikte der Familienmitglieder untereinander kommt Herr C. zu Ihnen ins Coaching. Ihm gehen die Auseinandersetzungen gewaltig auf die Nerven. Doch letzte Woche hat er einen Betrug festgestellt. Er verdächtigt seine Nichte, Geld unterschlagen zu haben. Als er sie mit seinem Verdacht konfrontierte, erfuhr er Überraschendes ...

Eins-zu-eins-Coaching mit einem Konfliktbeteiligten kann genauso süchtig machen wie Puzzeln. Sie hören einen Teil der Geschichte, der zudem emotional stark eingefärbt ist. Durch die Spannung der Geschichte und aufgrund der Tatsache, dass sich Ihre Coachee so schlecht behandelt fühlt, wollen Sie möglicherweise immer mehr darüber wissen, was genau vorgefallen ist. Damit entfernen Sie sich von Ihrem Weg: Ihre Coachee bezüglich ihrer Konfliktfähigkeit zu coachen.

Die Zielsetzung des Coachings ist nicht die Klärung der inhaltlichen Aspekte des Konflikts, sondern die Beeinflussung des Verhaltens der Coachees. Wie erlangt sie eine bessere Konfliktfähigkeit? Was kann sie zur Klärung der momentanen Situation beitragen? Wie kommt es, dass eine Bemerkung der Gegenpartei sie derart aus der Fassung bringt? Was tut die Gegenpartei, wodurch sie sich so klein fühlt? Und was kann sie tun, damit sie beim nächsten Mal besser gewappnet ist?

2.2.2 Sich emotional in das Konfliktgeschehen verwickeln lassen

Fallbeispiel: Herr B.

Als Teamleiter in einem Callcenter ist Herr B. Vorgesetzter von 25 Studierenden. Zumindest ist das so vorgesehen. Da er keine akademische Ausbildung hat, wird er von den schlauen jungen Damen und Herren, die in seiner Abteilung arbeiten, gern aufs Korn genommen. Es kostet ihn viel Mühe, dafür zu sorgen, dass sie ihre Arbeit machen. Einer der schlimmsten Plagegeister ist die Studentin Frau F. Sie weiß, dass Herr B. Moslem ist, und meint, ihn provozieren zu können, indem sie ihm immer die Hand reicht, knappe Kleidung trägt und mit lauter Stimme über die Emanzipation der Frau spricht. Nur ist Herr B. in den Niederlanden geboren und nicht besonders gläubig. Ihr Verhalten ist in zweifacher Hinsicht beleidigend. Herr B. fühlt sich in seiner Ehre verletzt, er ist gekränkt und verärgert. Als er zum ersten Coaching-Termin kommt, strahlt er kalte Wut aus. Steif sitzt er mit vor der Brust verschränkten Armen da und gibt sich höflich-kühl. Er antwortet in kurzen Sätzen in einem überkorrekten Niederländisch. In jedem Wort schwingt seine Kränkung mit. Er wirkt wie ein kleiner, gehänselter Junge und nicht wie ein Teamleiter. Der Coach hört heraus, dass er mit niemandem über diese Probleme reden kann.

Wenn ein Konflikt weiter eskaliert, steigern sich die Emotionen. Schmerz, Kummer, Wut, Scham, Angst, das Gefühl, beleidigt worden zu sein, all diese Gefühle sind mit von der Partie, und das ist gut so. Nach Nico Frijda entstehen diese Gefühle, weil die Interessen und die Situation nicht miteinander übereinstimmen (Frijda, 2005). Je stärker die Emotion, desto gewichtiger ist das zugrunde liegende Anliegen.

De Waal (2009) ist überzeugt, dass Emotionen ansteckend sind. Er vergleicht das Phänomen mit einer russischen Matrjoschka-Puppe. Das Innerste der Puppe steht für das Sich-Einfühlen: der Gemütszustand wird auf andere übertragen. Diese erste Puppe wird umschlossen von der Puppe des Mitgefühls: Sie tröstet andere. Die dritte Puppe steht für die konkrete Hilfestellung: die Situation der anderen verbessern. Ein Coach muss von Berufs wegen die größte Puppe sein, aber die beiden anderen Puppen kann er nicht einfach wegschieben. Es ist aber für den Coachee nicht von Vorteil, wenn der Coach im Hier und Jetzt selbst auch die Emotionen aufgreift und sich hineinfühlt.

Dies gilt vor allem für Konfliktsituationen, in denen die Konfliktparteien immer mehr unter verhärteten Sichtweisen leiden. In diesem Fall benötigt der Coachee dann keine Bestätigung seiner Überzeugungen, sondern eine regulierende und relativierende Kraft.

Emotionen müssen ernst genommen werden, sonst kommen sie immer wieder zurück, und zwar auch in unpassenden Momenten. Emotionen ernst zu nehmen ist in einem Coachinggespräch einfach. Es funktioniert mit Sätzen wie:

- „Mir scheint, dass Sie sehr aufgebracht sind, stimmt das?“
- „Was macht Sie so traurig?“
- „Halt, Stopp, was geschieht jetzt gerade? Ich sehe ...“ (Dann sagen Sie, was Sie im Gesicht oder an der Haltung Ihres Coachees sehen und um welche Emotion es sich Ihrer Meinung nach dabei handelt.)

Anschließend können Sie gemeinsam den Emotionen so viel Raum geben, wie sie benötigen. Die Gretchenfrage ist: Wie wappnen Sie sich als Coach gegen die Emotionen Ihres Coachees, damit Sie adäquate Interventionen durchführen können? Es gibt dafür genauso viele Möglichkeiten, wie es Coaches gibt. Ich verrate Ihnen gern, wie ich das mache, weil es bei mir gut funktioniert:

- Buchstäblich Abstand gewinnen. Sich zurücklehnen, mehr Platz zwischen dem Coachee und sich selbst schaffen. Eventuell ein Glas Wasser oder Taschentücher holen.
- Zwischendurch einmal auf die eigene Atmung achten und sie eventuell verlangsamen.
- Nacheinander die Muskeln am Körper spüren. Wo gibt es Verkrampfungen? Kurz anspannen und wieder loslassen. Wenn Sie das oft machen, gelingt es auch, mit der Aufmerksamkeit beim Coachee zu bleiben und trotzdem diese Entspannung zu spüren.
- Im Regiestuhl Platz nehmen (eine NLP-Technik). Stellen Sie sich vor, Sie sind der Regisseur dieses Gesprächs und Sie schauen aus dem Regieraum auf die Akteure. Was sollte der Akteur, der den Coach darstellt, tun, damit er nicht in Emotionen versinkt?
- Auf später verschieben. Ich vereinbare vor jedem Konflikt-Coaching mit mir selbst, dass ich Emotionen, die in mir hochkommen, auf später, nach dem Gespräch, verschiebe und ihnen dann die Aufmerksamkeit schenke, die sie brauchen.
- Betrachten Sie einmal den Textballon, der über Ihnen schwebt, und sprechen Sie aus, was darin steht.

2.2.3 Parteilichkeit und Helfermentalität

Fallbeispiel: Frau D.

Frau D. bittet darum, wegen eines Streits mit ihrer in den USA lebenden Schwester, Frau S., gecoacht zu werden. Die Mutter der beiden Schwestern ist kürzlich an einer aggressiven Tumorerkrankung verstorben. Die Mutter hatte schon lange vorher erklärt, dass sie sich einen menschenwürdigen Tod wünsche und kein Herumgezerre an ihrem Körper möchte. Aus diesem Grund hat Frau D. an einem gewissen Zeitpunkt eine Reanimation abgelehnt, woraufhin die Mutter gestorben ist. Ihre Schwester, Frau S., spricht nun von Mord und erklärt, dass die restliche Familie ihr beipflichtet. Ständig behelligt sie Frau D. deswegen. Frau D. leidet selbst sehr unter dem Verlust ihrer Mutter und kann die Beschuldigungen ihrer Schwester nicht auch noch stemmen. Sie weiß nicht, wie sie mit dieser Situation umgehen soll, und fühlt sich einsam, verletzt und traurig. Außerdem fühlt sie sich von ihrer Schwester hereingelegt. Sie hatte erwartet, dass sie gemeinsam trauern würden, doch jetzt fällt Frau S. ihr in den Rücken und möchte nicht einmal hören, was Frau D. zu sagen hat.

Konfliktparteien sind - per definitionem - Menschen in Not. Oft fühlen sie sich von dem Konflikt überfallen und empfinden Ohnmacht, weil sie glauben, die Gegenpartei würde die Situation dominieren. Eine solche Coachee richtet bewusst oder unbewusst einen dringenden Appell an Sie, den Coach. In einer regulären Coachingsituation wird ein Coach alles in seiner Macht Stehende tun, um den Lernprozess des Coachees voranzubringen. Wenn es um ein Konflikt-Coaching geht, geschieht das genauso, nur ist sich der Coach dann bewusst, dass auch der Kontext der Coachee einbezogen werden muss. Eine einzelne Mitarbeiterin ist nicht isoliert zu betrachten, sondern als Teil einer Organisation. Daher stellt sich für den Coach die Frage, wie weit der Konflikt reicht. Ein Paar mit Beziehungsproblemen hat Kinder, Familie und Freunde, aber auch finanzielle Bedingungen, die eine Scheidung unter Umständen unmöglich machen. Streitende Nachbarn haben noch mit anderen Nachbarn zu tun, aber auch mit der Wohnungsbaugenossenschaft oder der Gemeinde. Dieser Kontext ist für die Frage, wie viel Einfluss Ihr Coachee auf den Konflikt hat, wichtig.

Sie werden außerdem feststellen, dass Ihr Coachee mit fortschreitender Eskalation des Konflikts glaubt, Unterstützung oder Verstärkung zu brauchen. Genau genommen sucht er Verbündete, die ihm zum Sieg verhelfen. Dadurch stellt er einen spezifischen Kontext her. Allerdings bringt ihm eine Form der Verstärkung und Unterstützung durch andere Personen gar nichts, da diese nur die weitere Eskalation begünstigen. Was wirklich vonnöten ist, ist die Hilfestellung bei der Analyse der Konfliktsituation, der Klärung der Anteile am Konfliktgeschehen sowie der Ableitung einer Handlungsstrategie. Ein Coach, der in einer solchen Situation Partei für den Coachee ergreift, sorgt nur für weitere Eskalation.

Helfermentalität ist für einen Coach nie angebracht, es sei denn, jemand würde sich in einer lebensgefährlichen Lage befinden. Ein Mensch wird deshalb zum Helfer, weil es eine Person gibt, die sich nicht selbst helfen kann. Wenn man aber dieser Person hilft, lernt sie nicht, sich selbst zu helfen. Dadurch wird die Person immer wieder Hilfe beanspruchen, was in der helfenden Person Verärgerung auslösen kann. Dadurch kann sich ein dysfunktionales Muster zwischen Coach und Coachee entwickeln, wobei der Retter zum Ankläger wird. Dieses Muster wird im Coaching auch als Retter-Opfer-Dreieck bezeichnet, analog zum Dramadreieck nach Stephen Karpman (1968).

2.2.4 Lösungen vorgeben

Fallbeispiel: Frau M.

Frau M. ist eine von zwei Sekretärinnen in einem Industrieunternehmen. Die andere Sekretärin, Frau J., ist 15 Jahre jünger und kam frisch von der Schule in das Unternehmen. Frau M. hat ihre jüngere Kollegin in alle Aufgabenfelder eingearbeitet und ist der Meinung, Frau J. müsse nun auf eigenen Beinen stehen. Frau J. bewältigt die Arbeit sehr gut, sie spielt nur regelmäßig das „dumme Blondchen“, sodass sie von allen Seiten Hilfe bekommt. Frau M. ist von diesem manipulativen Verhalten sehr genervt und hat ihre Kollegin bereits scharf kritisiert, woraufhin Frau J. weinend zum Vorgesetzten gelaufen ist. Der Vorgesetzte gab Frau M. zu verstehen, dass er diese Szenen nicht haben möchte und dass beide Frauen zusehen sollen, wie sie miteinander klarkommen, sie seien schließlich erwachsen und er habe außerdem anderes zu tun.

Ein Konflikt lädt förmlich dazu ein, nach Lösungen zu suchen, vor allem, wenn man eine der Konfliktparteien coacht. Der Coachee erzählt seine Sichtweise der Dinge und berichtet, wie mutlos und ohnmächtig er sich in der Situation fühlt. Die Versuchung ist groß, mit ihm eine Lösung zu erarbeiten. Allerdings ist das Finden einer Lösung ohne das Hinzuziehen der anderen Konfliktpartei nicht möglich.

Es ist nicht Ihre Aufgabe, stellvertretend den Konflikt zu lösen oder Lösungen anzubieten. Sie können Ihrem Coachee lediglich dabei helfen, Wege zu finden, die Situation mehr in seinem Sinn zu gestalten. In diesem Sinne ist die Aufgabe des Coaches die Vermittlung von Fähigkeiten wie „interessengeleitetes Denken“, Nachdenken über kreative Lösungen, Verhandeln oder Konfliktfähigkeit.

2.2.5 Den Kontext aus den Augen verlieren

Gerade in einem Konflikt-Coaching ist der Kontext enorm wichtig. Ihr Coachee springt über die Eskalationsstufen, und spätestens, wenn er Stufe 4 hinter sich gelassen hat, spielen die Emotionen eine so große Rolle, dass sein Urteilsvermögen in Bezug auf die Konfliktsituation und seine gegnerische Partei bzw. seine gegnerischen Parteien, vorsichtig ausgedrückt, gefärbt ist. Als Coach bekommt man eine einseitige Geschichte zu hören, die Geschichte der Coachee, die selbst den Kontext nicht (mehr) im Blick hat. Da sie den gesamten eigenen Eisberg[3] nicht mehr sieht, werden Sie diesen langsam, aber sicher in ihre Erlebniswelt zurückbringen müssen. Dabei ist wichtig, der Coachee nicht das Gefühl zu geben, bewertet oder angegriffen zu werden.

Wenn das gelingt, wird Ihre Coachee auf die Anfangsstufen der Konflikteskalation zurückkehren, weil sie dann ihre bzw. ihren Kontrahenten besser im Blick hat und den Effekt des Streits auf die Arbeitssituation beziehungsweise die unmittelbare Umgebung besser einschätzen kann. Außerdem kann dann ein Abwägen darüber stattfinden, ob die Coachee den Konflikt weiter vorantreiben möchte oder nicht.

Ich arbeite immer mit einer Reihe von Fragen, um den Kontext zu verstehen. Während mein Coachee erzählt, zeichne ich nebenbei eine Art Landkarte, oder ich bitte den Coachee, eine Mindmap zu erstellen (vgl. Abbildung 2):

- „Mit wem haben Sie Streit?“
- „Was ist die Rolle dieser Person oder welche Funktion/Position hat sie in Bezug auf Sie?“
- „Wer ist sonst noch beteiligt? Beschreiben Sie bitte so umfassend wie möglich, wer von diesem Konflikt betroffen ist.“
- „Von wem erhalten Sie Unterstützung?“
- „Von wem nicht?“ (Damit ist direkt klar, ob der Coachee bereits Eskalationsstufe 4 erreicht hat.)
- „Was sagen Ihre Angehörigen dazu?“ (Wenn die Angehörigen zu Hause Partei ergreifen oder wenn sie fürchterlich genervt sind, ist der Konflikt schon ein gutes Stück eskaliert.)
- „Wofür muss eine Lösung gefunden werden?“
- „Was liegt innerhalb Ihres Einflussbereichs?“
- „Was können Sie nicht ändern, andere Beteiligte aber schon? Stimmt das wirklich? Haben Sie das überprüft?“

3 Vgl. McClelland-Eisberg-Modell (vgl. Lingsma & Scholten, 2007).

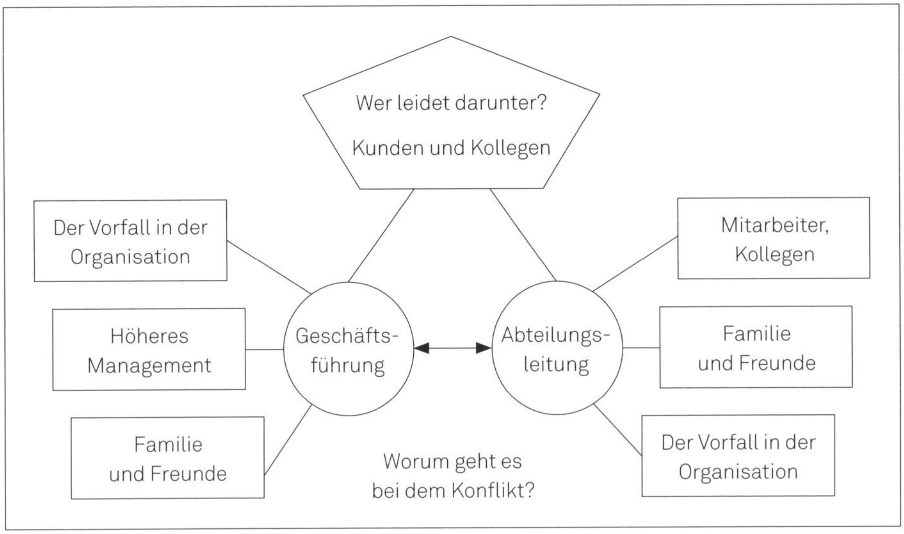

Abbildung 2: Der Konflikt und sein Kontext

2.3 Das Coachen aller Konfliktparteien

Das Coachen aller Konfliktparteien ähnelt einer Mediation, dennoch sind Ansatz und Herangehensweise nicht dieselben. Mediation ist vor allem darauf ausgerichtet, eine Lösung für den Konflikt zu finden. Es gibt allerdings auch Mediationsmodelle, die den Lernprozess der Konfliktbeteiligten in den Mittelpunkt stellen. Beispiele hierfür sind die transformative Mediation (Bush & Folger, 1994) und die narrative Mediation (Winslade & Monk, 2000).

Die transformative Mediation ist eine Form der Mediation, die es sich zum Ziel macht, die Konfliktparteien besser miteinander kommunizieren zu lassen. Die zentralen Prinzipien sind „Empowerment“ (Ermächtigung) und „Recognition“ (gegenseitige Anerkennung). Der grundlegende Gedanke ist, dass sich der Konflikt ohne weiteres Zutun von selbst löst, wenn sich die Konfliktparteien ihrer Sache jeweils sicher sind und sie lernen, besser miteinander zu kommunizieren. Die narrative Mediation geht von den Wirklichkeiten aus, die jede bzw. jeder Beteiligte konstruiert. Die Mediatorin begleitet die Konfliktparteien dahingehend, dass sie eine alternative, gemeinsam getragene Geschichte entwickeln. Diese Geschichte beinhaltet zugleich die Lösung.

Auch bei diesen Mediationsarten geht es vorrangig um den Prozess der Konfliktlösung, während im Coaching der Lernprozess im Mittelpunkt steht. Dennoch ist auch im Coaching die Zielformulierung der Konfliktparteien (zu einer Lösung zu kommen) stets präsent. Es ist nicht immer leicht, auf den Lernprozess zu fokussieren. Dies ist deshalb der Fall, weil Coachees oft kein konkretes Lernziel formulieren, sondern auf die Lösung des Konflikts fokussiert sind.

Wenn der Arbeitgeber das Konflikt-Coaching initiiert, wird manchmal durch ihn ein Lernziel festgelegt. Als Coach müssen Sie in den Gesprächen überprüfen, ob die Lernziele des Arbeitgebers mit denen der Arbeitnehmer, also der Coachees, übereinstimmen. Noch besser als jedes Konflikt-Coaching oder jede Mediation ist es, wenn Sie mit einem Auftraggeber zu tun haben, der auch tatsächlich etwas mit den konfliktbedingten Lerneffekten anfangen möchte (vgl. hierzu Kapitel 5).

2.3.1 Wie verläuft ein Konflikt-Coaching?

Der Prozess der Lösungsfindung verläuft nach einer bestimmten Vorgehensweise, die Ihnen als Coach sicherlich nicht neu ist:

1. Kennenlernen, Erstgespräch und Festlegen der Spielregeln.
2. Erarbeitung der Lernziele und Zielvereinbarung.
3. Einzelthemen besprechen und aushandeln, Coaching im Hier und Jetzt.
4. Absprachen, Beendigung und Evaluation.

1. Kennenlernen, Erstgespräch und Festlegen der Spielregel

Als Coach sind Sie der Gesprächsbegleiter. Sie legen die Regeln fest und vergewissern sich, dass Ihre Coachees sich bereit erklären, die Regeln zu akzeptieren und mitzuarbeiten. Das tun Sie, indem Sie Ihre eigene Rolle erläutern und die Erwartungen der Coachees an Sie in Erfahrung bringen.

Auf jede Erklärung folgen eine Zusammenfassung für die Coachees und die Frage, ob sie alles verstanden haben und einverstanden sind. Schauen Sie die Coachees der Reihe nach an und warten Sie, bis Sie das Nicken gesehen haben. Diese Vorgehensweise garantiert Ihnen die Aufmerksamkeit der Coachees und bringt Ruhe in die Situation. Wenn Sie Ihre Position nach den ersten Minuten bestätigt haben, können Sie im weiteren Verlauf des Coachings immer wieder auf die ersten Schritte zurückgreifen.

Meine Spielregeln lauten

- Ich leite das Gespräch, empfehle aber keine Lösungen, sondern beobachte die Interaktion und die Kommunikation und gebe dazu Feedback.
- An meinem Tisch wird nicht geflucht, gespuckt, geschlagen oder auf andere Weise respektloses Verhalten gezeigt.
- Die Coachees tun ihr Bestmögliches, um ihre Kommunikation und Interaktion zu verbessern. Sie geben Auskunft über ihre Schmerzgrenzen, Interessen und Bedürfnisse.

- Wir erarbeiten gemeinsam, welche Aspekte des Verhaltens der einzelnen Beteiligten in der Konfliktsituation geändert werden können und sollten.
- Alles, was am Tisch besprochen wird, ist vertraulich. Am Ende jedes einzelnen Gesprächs wird mit den am Gespräch Beteiligten geklärt, ob Dritte etwas davon erfahren sollen und, wenn ja, was.
- Wenn die Coachees zu irgendeinem Zeitpunkt das Gefühl haben, dass ich Partei ergreife oder sie sich ungeschützt fühlen, sagen sie es.
- Jeder darf zu jedem Zeitpunkt das Coaching beenden, aber nur, wenn er den anderen diesen Schritt erklärt hat.

2. Erarbeitung der Lernziele und Zielvereinbarung

Auch wenn der Inhalt an sich für das Coaching nicht von Interesse ist, ist es doch sinnvoll, sich von den Coachees nochmals erklären zu lassen, um was genau es sich beim Konflikt dreht. Anhand dessen erleben Sie die Interaktion zwischen den Coachees und können einschätzen, wo es hakt. Außerdem werden Emotionen und Schmerzgrenzen sichtbar. Dadurch können Sie die Temperatur des Konflikts einschätzen und das Maß der Eskalation feststellen.

Als Vorbereitung für den späteren Coachingprozess lässt sich an dieser Stelle eine Agenda der Themen aufstellen, die auf jeden Fall besprochen werden müssen. Gehen Sie dabei so vor, dass Sie die Auswahl der Themen den Coachees überlassen. Diese wissen am besten, welche Aspekte ihnen wichtig sind. Rechnen Sie dabei aber nicht mit einer Darbietung der Themen in einer logischen Reihenfolge. Im Anschluss ist es dann Ihre Aufgabe, zu analysieren, um welche Punkte es tatsächlich geht und welche Lernziele damit verbunden sind.

Fallbeispiel

Die Pflegeleitung und ein Krankenpfleger sind wegen der Frage, wie Patienten zu behandeln sind, aneinandergeraten. Beide beklagten, sie würden vom jeweils anderen nicht gehört. Es stellte sich heraus, dass sie immer nur zu zweit die vorhandenen Fragen diskutierten, und auch nur dann, wenn es unbedingt notwendig war. Und meistens hatte der Pfleger dann schon eine schnelle, vorläufige Lösung für den jeweiligen Sachverhalt gefunden. Die Pflegeleitung war der Meinung, dass er diese Fragen nicht im Alleingang regeln kann. Der Pfleger wiederum merkte an, dass es zu zeitaufwendig sei, sich mit der Pflegeleitung zu besprechen. Zudem würde sie sich immer sehr ausführlich äußern und Fachjargon benutzen, den er nicht verstehe.

Als Lernziel wurde für beide festgelegt, anders zu kommunizieren: Die Pflegeleitung muss lernen, sich mit einfachen Worten auszudrücken. Der Pfleger muss lernen, zuerst einen Sachverhalt zu besprechen und erst dann zu handeln.

Die praktische Lösung besteht darin, dass sich beide regelmäßig treffen, wobei die Pflegeleitung darauf achten wird, in kurzen Sätzen zu sprechen, und der Pfleger sofort sagen wird, wenn er etwas nicht versteht. Die Pflegeleitung wird den Pfleger loben, wenn er eine Sache zuerst mit ihr bespricht, bevor er handelt.

Nach drei Monaten des Übens haben sie neue Gewohnheiten entwickelt, die ihre Zusammenarbeit deutlich verbessert haben.

Für die Zielvereinbarung können Sie folgende Fragen stellen:

- „Worum geht es?"
- „Was genau wird gelöst sein, wenn das Problem gelöst ist?"
- „Worin besteht der Lernbedarf?" Ihre Coachees werden hier in erster Linie an die Lösung des Konflikts denken. In diesem Fall ist es hilfreich, danach zu fragen, was verändert sein wird, wenn das Problem einmal gelöst ist.

Ihre Coachees neigen womöglich dazu, verschiedene Dinge miteinander zu verknüpfen. So hat mir ein Konfliktbeteiligter einmal in einem Atemzug erzählt: „Mein Vorgesetzter ist ein Holzklotz, er hat keinerlei Qualitäten für eine Führungsrolle, zeigt sich nie in der Abteilung, und als meine Mutter starb, hat er mir nicht einmal eine Karte geschickt. Auch vom Betriebsrat habe ich schon gehört, dass man ihn für ungeeignet hält. Er hat nicht die geringste Ahnung, was wir hier eigentlich tun. Logisch, er kommt aus dem Gesundheitsbereich und kennt sich mit Wohnungsbaugenossenschaften nicht aus. Meinen Antrag auf Weiterbildung hat er einfach negiert." Der Vorgesetzte reagierte übrigens mit einer ähnlichen Vorwurfsliste. Es ging also darum, zunächst einmal herauszufinden, um welche Themen es hier überhaupt genau ging. Normalerweise bitte ich die Coachees, drei Themen zu nennen, über die sie unbedingt sprechen wollen. Zwei der Themen überschneiden sich in der Regel.

3. Einzelthemen besprechen und aushandeln, Coaching im Hier und Jetzt

Die Coachees bestimmen, welche Themen behandelt werden. Die Reihenfolge der Themen wird hingegen am besten vom Coach festgelegt. Ich gehe normalerweise so vor, dass ich zuerst die Themen bearbeite, die alle Konfliktparteien für relevant halten und besprechen wollen. Dabei beginne ich mit der Frage: „Sind Sie damit einverstanden, wenn wir dieses Thema besprechen?", und wenn alle bestätigt haben, sage ich: „Vielen Dank, schön, dass wir uns darüber einig sind."

Wenn Sie mit einem Thema beginnen, welches einvernehmlich auf die Agenda gesetzt wurde, können Sie während der Besprechung das Verhalten der Coachees untereinander beobachten. Insbesondere kann erahnt werden, welches Verhalten auch bei Verhandlungen in komplexeren Sachverhalten hilfreich sein kann.

Anschließend besprechen Sie die Themen, bei denen davon auszugehen ist, dass sich die Konfliktbeteiligten einig werden. Betrachten Sie das als Übungszeit. Da diese Themen etwas heikler sind, können Sie gut herauslesen, welche Verhaltensweisen weniger effektiv sind. Darauf können Sie beim Coaching der Konfliktparteien im Hier und Jetzt gleich Bezug nehmen.

Zu guter Letzt kommen die Themen zum Zug, bei denen es tatsächlich unterschiedliche Sichtweisen und Interessen, die verfolgt werden, gibt. Das ist der wirkliche Test. Diese Reihenfolge funktioniert deshalb so gut, weil jedes Mal, wenn die Konfliktparteien miteinander einig sind, ein kleiner Erfolg der Zusammenarbeit verbucht wird. Diese Erfolgserlebnisse wirken motivierend auf die Beteiligten und steigern die weitere Verhandlungsbereitschaft.

Faustregeln für gute Verhandlungsführung finden Sie in dem Bestseller *Das Harvard-Konzept* von Fisher, Ury und Patton (dt. Ausgabe: 2009):

- *Behandeln Sie Menschen und Probleme getrennt voneinander.* In Konfliktsituationen wird die Beziehung oft geopfert, weil sich die Beteiligten an den inhaltlichen Positionen festbeißen. Sie wollen in der Sache recht bekommen, kämpfen aber auf der Beziehungsebene. Das klingt so: „Ich bin mir sicher, dass diese Regelung nicht die gültige ist. Sie sind gar kein Jurist, Sie sollten sich nicht einmischen." Wenn man Menschen und Probleme getrennt behandelt, würde man sagen: „Als Jurist weiß ich, dass diese Regelung nicht gültig ist. Ich bin gespannt, wie Sie das mit Ihrem Hintergrund bewerten."
- *Konzentrieren Sie sich auf Interessen und Sichtweisen, anstatt auf Positionen.* Wer an Positionen festhält, engt sich selbst ein. Wenn die Coachees dagegen untersuchen, was auf dem Spiel steht, sprechen sie über ganz andere Dinge. Das Interesse eines Mitarbeiters kann darin bestehen, seinen Arbeitsplatz zu erhalten, während es für den Arbeitgeber wichtig ist, nicht in einem negativen Licht wahrgenommen zu werden. Beide können endlos darüber diskutieren, wer recht oder wer Schuld hat, sie können aber auch darüber sprechen, wie sie beiden Interessen gerecht werden können.
- *Bedenken Sie auch andere Optionen, bevor Sie sich für eine Lösung entscheiden.* Bei Konflikten sind die Beteiligten oft auf eine einzige Lösung fokussiert. Zum Beispiel: „Ich möchte Schadensersatz" oder „Ich möchte dieser Mitarbeiterin kündigen." Dahingegen existieren oft andere Möglichkeiten, die langfristig gewinnbringend sind. Deshalb ist die erste Lösung nie die beste. Sie können Ihre Coachees animieren, mehrere Lösungen zu finden, indem Sie selbst ein paar für die Coachees völlig idiotische Lösungen nennen, die aber alle möglich sein sollten: „Sie werden Führungskraft und dürfen vier Wochen auf Kreuzfahrt. Das bedeutet, Sie haben nichts mehr mit Abfindungsansprüchen, Bewerbungsrunden etc. zu tun und können einmal spüren, wie es ist, Führungskraft zu sein, und Sie dürfen ihre wohlverdiente Ruhe genießen."
- *Bestehen Sie auf der Anwendung objektiver Beurteilungskriterien.* Welchen emotionalen Wert Dinge besitzen, ist von Person zu Person unterschiedlich. Für den

einen hat eine Keramikschale einen unschätzbaren Wert, weil sie ein Erbstück ist, während jemand anderes darin nur ein hässliches altmodisches Ding sieht. Deshalb ist es so wichtig, vorab objektive Kriterien festzulegen, an denen später die Lösung gemessen wird. Als objektives Kriterium können Sie sich etwas wie die Richterformel[4] vorstellen, die bei Abfindungszahlungen im Fall einer Kündigung zum Tragen kommt, oder den Marktwert von Gütern oder den von mehreren Maklern ermittelten Wert eines Hauses usw.
- *Suchen Sie nach der „besten Alternative“.* Manchmal gelingt es nicht, mit einer Lösung allen Interessen gleich gerecht zu werden. In diesem Fall können Sie sich fragen, was die zweitbeste Alternative wäre. Das ist, wie einen Urlaubsort wählen, obwohl schon fast Hochsaison ist. Sie wollen in die Türkei, aber alles ist ausgebucht. Wo soll es dann hingehen? Nach Marokko? Oder nach Spanien? Und wenn Sie dort auch nichts mehr bekommen, wo fahren Sie dann hin? Oder ist zu Hause bleiben und Tagestouren unternehmen auch eine Option?

Diese Spielregeln können Sie Ihren Coachees erklären und sie dann fragen, ob sie bereit sind, sie anzuwenden. Eine gute Verhandlungsführung zählt möglicherweise nicht zu den definierten Lernzielen. Allerdings weist ein weit eskalierter Konflikt darauf hin, dass Ihre Coachees nicht in der Lage waren, effektiv zu verhandeln. Folglich sind an dieser Stelle durchaus einige Lektionen sinnvoll.

4. Absprachen, Beendigung und Evaluation

Ein Konflikt-Coaching endet, wenn die Konfliktparteien ihre Lernziele erreicht haben. Das kann zeitlich mit der Lösung des Konflikts zusammenfallen, muss aber nicht. Das Finden einer Lösung ist nicht der Grund für das Coaching. Die Basis für den Coachingprozess war/ist das Entwickeln konfliktfähiger Verhaltensweisen sowohl in der aktuellen Situation als auch für die Zukunft. Ich habe mehrfach „missglückte“ Mediationen erlebt, an deren Ende die Beteiligten noch nicht bereit für eine Lösung waren. Sie waren aber in Bewegung gekommen, und so wurde mir manchmal nach einigen Monaten berichtet, das Problem sei nun doch gelöst. Ein erfolgreiches Coaching also.

Ein Coaching endet, wenn beide Seiten, die Coachees und der Coach, der Meinung sind, die Aufgabe sei erledigt. Das heißt nicht, dass die Coachees auf einmal die besten Freunde geworden sind. Es kann sein, dass sie mit einem Plan zur Verhaltensänderung nach Hause gehen und die nächsten Monate damit beschäftigt sind, ohne den Coach weiter zu benötigen. Fantastisch! Der Plan ist ja, dass die Coachees die Fähigkeit erlangen, selbst ihre Probleme zu lösen. Damit haben Sie als Coach Ihr Ziel erreicht.

4 *Anmerkung der Übersetzerin:* Ein in den Niederlanden üblicher einheitlicher Bewertungsmaßstab für die Berechnung der Höhe einer Abfindung.

Das letzte Gespräch endet mit der Evaluation, um nach einer gewissen Zeit in der Rückschau zu betrachten, wie die Dinge gelaufen sind. Für den Coachee ist das ein Moment der Reflexion und gleichzeitig eine Art Druckmittel. Für mich ist es eine angenehme Beendigung der Arbeit oder aber der Beginn einer Fortsetzung.

Häufig gestellte Fragen

Wie ich bereits in der Einführung gesagt habe, werde ich regelmäßig von Kolleginnen und Kollegen gefragt, wie man denn alle Konfliktparteien gleichzeitig coachen könne. Folgende Fragen werden am häufigsten gestellt:

- Wie gehe ich mit der Dynamik am Tisch um?
- Wie gewinne ich das Vertrauen der Coachees?
- Wie sieht es mit der Vertraulichkeit aus?
- Wie vermeide ich, dass die Konfliktparteien mich für parteiisch halten?
- Welche Interventionen bezüglich der Interaktion sind effektiv?
- Wo liegen die Grenzen bei Manipulation und Provokation?

2.3.2 Wie gehe ich mit der Dynamik am Tisch um?

Wenn Sie es gewohnt sind, immer eins zu eins zu coachen, ist das Coachen von zwei oder mehr Personen eine Herausforderung. Das fängt schon damit an, dass Sie nun nicht mehr zu zweit am Tisch sitzen, sondern mit mehreren Menschen. Ihre Coachees haben ihre eigene Konfliktinteraktion entwickelt, die als ein geschlossenes System anzusehen ist (vgl. Abbildung 3).

Als Coach stören Sie dieses System und sorgen gleichzeitig dafür, dass ein neues entstehen kann, zu dem auch Sie gehören (Homan, 2012; vgl. Abbildung 4)

Der Gedanke, dass Sie außerhalb der Konfliktinteraktion Ihrer Coachees bleiben können, ist eine Illusion. Ihre Anwesenheit vergrößert das System Ihrer Coachees, und Sie werden ein Teil davon. Sie werden nun merken, dass die Coachees versuchen, Sie auf ihre Seite zu bekommen. Sie werden von Ihnen hören wollen, dass Sie ihre Standpunkte und Einstellung gutheißen und die Standpunkte und Einstellungen der anderen verwerfen. Wenn der Konflikt schon weiter vorangeschritten ist, sind die Beteiligten in puncto Parteilichkeit sehr sensibel.

Die gute Nachricht ist, dass Sie die neue Situation für sich nutzen können. Ihr gemeinsames Interaktionssystem ist schließlich noch völlig offen. Ihre Coachees wissen noch nicht, wie Sie kommunizieren, und Sie wissen nicht, wie die Coachees kommunizieren. In dieser Phase des Herantastens ist es klug, Ihre Position als Regisseurin bzw. Regisseur des Gesprächs einzunehmen. Sie machen deutlich, dass Sie das Gespräch leiten, und erklären, wie Sie das tun werden. Danach verhalten Sie sich konform der Regeln, die Sie selbst aufgestellt haben. Dadurch, dass Sie

Abbildung 3: Die Konfliktparteien in ihrem Konfliktverhalten – ein eigenes System

Abbildung 4: Die Konfliktparteien mit dem Konflikt-Coach – ein neues System

Ihre Position ausdrücklich manifestieren, verändern Sie die Interaktion zwischen den Coachees (siehe auch Punkt 1 in Kapitel 2.3.1).

In manchen Momenten wird spürbar werden, dass Sie alle gemeinsam nun eine eigene Form der Gesprächsinteraktion entwickelt haben. Wichtig ist, dass Sie nach jedem Gespräch für sich allein überprüfen, ob diese Form der Interaktion dem Prozess dienlich ist oder nicht. Wenn Sie der Meinung sind, dass das nicht der Fall ist, sollten Sie nicht zögern, dies beim nächsten Mal anzusprechen. Je offener Sie mit Ihrem eigenen Verhalten sind, desto mehr werden Ihnen die Coachees (auch langfristig) vertrauen.

2.3.3 Wie gewinne ich das Vertrauen der Coachees?

Vertrauen wird mit unterschiedlichen Bedeutungen in Verbindung gebracht (McKnight & Chervany, 1996).

Gemäß der gebräuchlichsten Definition des Begriffs (Mayer et al., 1995) setzt sich Vertrauen aus den folgenden Zutaten zusammen:

- Vertrauen hat mit Abhängigkeit einzelner Menschen oder Gruppen vom Handeln der jeweils anderen zu tun.
- Vertrauen sagt etwas darüber aus, ob man glaubt, dass die andere Person ehrlich ist oder ehrliches Verhalten zeigt.
- Vertrauen hat mit dem Glauben und der Erwartung zu tun, dass sich derjenige, dem man vertraut, des Vertrauens als würdig erweist.

Die Kontrahenten in einem Konflikt neigen eher zu Misstrauen und weniger zu Vertrauen, und das nicht nur der gegnerischen Partei gegenüber, sondern auch gegenüber dem Konflikt-Coach. Das ist gar nicht so verwunderlich. Die Konfliktparteien haben schon einiges miteinander durchgemacht. Wenn es sich um einen Arbeitskonflikt handelt, hat es oft schon mehrere Versuche seitens der Vorgesetzten, der Personalabteilung oder der betrieblichen Sozialarbeit gegeben, die Geschichte aus der Welt zu schaffen. In letzter Zeit bekomme ich immer häufiger Fälle, bei denen eine Mediation versucht wurde, aber nicht zum Ziel führte, weil Mediation vor allem ein lösungsorientierter Prozess ist. Sie können sich wohl vorstellen, dass das Vertrauen der Konfliktparteien in einen (externen) Konflikt-Coach deshalb nicht besonders groß ist.

Hinzu kommt, dass der Coach vom Unternehmen beauftragt wird. Die Konfliktparteien denken dann oft, dass der Coach einen speziellen Auftrag mitbekommen hat, zum Beispiel, dass er in Richtung einer Kündigung oder einer Versetzung arbeiten soll. Wenn der Konflikt-Coach versucht, die Coachees von seinen guten Absichten zu überzeugen, führt das oft dazu, dass sie noch misstrauischer werden. Meine Standardreaktion ist: „Wenn Sie mir nicht vertrauen, jetzt nicht, oder später nicht, sagen Sie es einfach und ich bin raus. Ich kenne mehrere, sehr kompetente Coaches und hinterlasse Ihnen gerne die Adressen." Meistens hilft das. Die ersten Kontakte sind, was die Vertrauensbildung angeht, entscheidend und somit ein wichtiger Faktor für ein erfolgreiches Coaching (Schmidt, 2003), insbesondere für ein erfolgreiches Konflikt-Coaching.

Ein weiterer Aspekt des Vertrauens sind Forderungen, die einige Coachees während der Verhandlungen an andere Coachees stellen. Sie wollen zwar an der Findung einer Lösung mitarbeiten, aber die Mitspielerinnen und Mitspieler müssen zuerst ihr Vertrauen zurückgewinnen. Das ist ein Würgegriff. Denn derjenige, der sagt, kein Vertrauen mehr zu haben, bestimmt, wann sich die andere Person bzw. die anderen Personen das Vertrauen zurückverdient hat bzw. haben. Erst danach muss er selbst einen Schritt machen. Auf diese Weise halten sich die Coachees selbst gefangen, weil es kein deutlich definiertes Ende gibt. Was in einer solchen Situation helfen kann, ist, danach zu fragen, mit wie viel Misstrauen sie denn zurechtkommen würden. Denn Misstrauen an sich muss noch nicht schlecht sein; so bleiben die Konfliktparteien aufmerksam und wachsam. Und wenn sie nicht erklären können, wie sie mit dem Misstrauen umgehen wollen, haben sie ein weiteres Lernziel gefunden.

2.3.4 Wie sieht es mit der Vertraulichkeit aus?

Fallbeispiel: Herr K.

Herr K. arbeitet in einem Copyshop. Er kommt mit seinen Kolleginnen und Kollegen überhaupt nicht klar und träumt von einem eigenen Laden. Es gibt bereits Kontakte zu einem Vermieter von Gewerbeimmobilien an seinem Wohnort, und Herr K. weiß von mehreren Kunden, dass sie mit der Qualität im Copyshop nicht wirklich zufrieden sind. Mit diesen Kunden könnte er also schon mal rechnen. Gerade weil Herr K. sich so intensiv mit seinen persönlichen Plänen beschäftigt, wird der Kontakt zu den Kollegen noch schlechter. Er wird ein paar Mal vom Chef ermahnt, kümmert sich aber nicht darum. Die Vorstellung, gekündigt zu werden, mit einer Abfindung und dem Recht auf Arbeitslosengeld, gefällt ihm ganz gut. Das würde ihm ermöglichen, parallel sein eigenes Geschäft aufzubauen, und sobald das Arbeitslosengeld wegfällt, könnte er sich ins gemachte Bett legen.

Allerdings hält sein Chef nichts davon, Angestellte so ohne Weiteres zu kündigen, nur weil sie nicht ins Team passen. Dies widerspricht seinem Ehrgefühl. Als sich die Konflikte zwischen Herrn K. und dem Team zuspitzen, zieht sein Chef einen Mediator hinzu.

Herr K. berichtet im Lauf der Mediation von seinen Plänen. Das kommt bei seinem Chef nicht gut an. Dieser hatte sich so bemüht, das Team von Herrn

K. zu einer Einheit zu schmieden, und jetzt zeigt sich, dass Herr K. längst ans Abschiednehmen denkt. Er würde ihn am liebsten fristlos entlassen, was nicht geht, weil er die Information im Rahmen der Mediation erhalten hat. Er setzt ein Kündigungsverfahren, mit der Begründung, Herr K. würde schlecht arbeiten, in Gang. Doch auch hier kann er die Information aus der Mediation nicht verwenden.

Obwohl ein Coaching im Prinzip immer eine vertrauliche Sache ist, gibt es einige Aspekte, die ein Konflikt-Coach im Zusammenhang mit Vertraulichkeit besonders beachten sollte:

- Laufen bereits gerichtliche Verfahren? Oder gibt es andere Faktoren, die das Coaching beeinflussen können? Gemeint sind Faktoren wie Umstrukturierungsmaßnahmen mit Sozialplan oder eine drohende kollektive Kündigung. In einer solchen Situation wäre zu überlegen, ob ein Coaching aller Konfliktparteien zusammen sinnvoll ist. Die Wahrscheinlichkeit, dass die Arbeitsbeziehung geändert oder gar beendet wird, ist sehr groß. Getrenntes Coaching der Konfliktparteien mit dem Ziel, ihre Konfliktkompetenz zu stärken, wäre naheliegender, vor allem, wenn man den folgenden Punkt beachtet.
- In einem Konflikt-Coaching können vertrauliche Mitteilungen gemacht werden, die Einfluss auf den weiteren Verlauf der Dinge außerhalb des Coachings nehmen können. Es kann zum Beispiel sein, dass ein Konfliktbeteiligter Informationen preisgibt, die vorher nicht bekannt waren und Folgen für die Position dieses Konfliktbeteiligten im Unternehmen haben. Es wäre dann sehr unangenehm, wenn ein anderer Beteiligter (oder mehrere andere Beteiligte) außerhalb der Coachinggespräche diese Information nutzen würde(n). Auch wenn Sie im Vorfeld mit allen Beteiligten Vertraulichkeit vereinbart haben, können Sie es nicht ändern, wenn sich nicht daran gehalten wird. Wenn es um juristisch relevante Tatbestände geht, ist es besser, wenn Sie die Sache einer Anwältin oder einem Mediator anvertrauen oder gemeinsam weiter bearbeiten.
- Auch wenn keine juristischen Verfahren laufen, kann das Konflikt-Coaching dennoch juristische Folgen haben, zum Beispiel, wenn Berichte oder getroffene Vereinbarungen in die Personalakte der betroffenen Person aufgenommen werden. Es ist empfehlenswert, am Anfang eines Konflikt-Coachings zu prüfen, wie die Beteiligten mit Berichten umgehen wollen. Mir ist es am liebsten, wenn die Coachees selbst das Gespräch darüber suchen, was mit diesen Unterlagen geschieht. Ich selbst schreibe so wenige Berichte wie möglich, das überlasse ich gerne den Coachees, außer, wenn es um SMARTIE-Vereinbarungen - spezifisch, messbar, akzeptabel, realisierbar, terminiert, inspirierend und energiespendend - geht. Diese beschreibe ich in knappen, möglichst neutralen Worten, damit es über die Wortwahl in meinen Texten keinen Streit geben kann.

2.3.5 Wie vermeide ich, dass die Konfliktpartner mich für parteiisch halten?

Ein Konflikt-Coach ist unparteiisch (ergreift für niemanden Partei) oder vielfach parteiisch (ergreift für alle Partei). Im Kern geht es darum, dass Ihre Coachees nicht das Gefühl bekommen, Sie würden Partei für den einen oder anderen ergreifen. Wenn Ihre Coachees die Eskalationsstufe 4 bereits hinter sich haben, sind sie auf der Suche nach Mitstreitern; sie werden versuchen, Sie zu umgarnen.

Einseitige Parteilichkeit ist die größte Sünde, die Sie als Konflikt-Coach begehen können. Unparteiisch zu sein, ist eine Herausforderung, weil Sie als Mensch natürlich Sympathien und Antipathien haben, die innerhalb von Sekunden Ihr Bild von einem Menschen beeinflussen. Das bedeutet, dass auch alles, was Sie tun, die Coachees beeinflusst. Auch Ihre Coachees können vom ersten Moment an das Gefühl haben, Sie seien nicht geeignet.

Mir hilft es immer, wenn ich mich bei Antipathien gegenüber Coachees am Konzept von Kernqualitäten von Ofman (2006) orientiere und mich frage: Was macht dieser Coachee, wodurch ich ihn weniger sympathisch finde? Welche Kernqualität liegt dem zugrunde? Wenn ich nicht in meine Falle tappen möchte, muss ich mir dieser Kernqualität bewusst sein. Das hilft mir, mich auf das Verhalten meiner Coachees zu fokussieren und mein Gefühl außen vor zu lassen (vgl. auch Kapitel 3.3.2). Und wenn ich einmal so einen Coachee habe, der mir nahegeht, telefoniere ich öfter mit einer Kollegin oder einem Kollegen, um mich damit auseinanderzusetzen. Intervision bzw. „Coach-Calling" bewirkt Wunder.

2.3.6 Welche Interventionen sind wann effektiv?

Bei den Gesprächen werden Sie merken, dass sich – abhängig von den eingebrachten Themen der Coachees und den Interessen, die sie damit verbinden – die Dynamik am Tisch verändern kann. Je mehr Feuerwerk, desto gewichtiger die Interessen. Das heißt, dass Sie nicht mehrere Interventionen hintereinander abarbeiten können. Sie spüren, was geschieht, und entscheiden dann, was Sie tun, genauso wie bei einem regulären Coaching. Es gibt auch keine speziellen Interventionen für das Konflikt-Coaching. Dennoch habe ich die Erfahrung gemacht, dass sich einige Interventionen in Situationen, die in Coachinggesprächen häufig vorkommen, als sehr wirksam erwiesen haben. Im Folgenden finden Sie für verschiedene Situationen eine Auflistung dieser Interventionen – ohne spezifische Reihenfolge.

Streitlust

Eine der schönsten Interventionen stammt von Donald MacGillavry: Wenn die Konfliktparteien streiten (sich mit Argumenten überhäufen, nicht zuhören usw.), lehnen Sie sich in aller Ruhe zurück und lassen Sie die Konfliktparteien einfach eine Weile machen, bis sie müde werden. MacGillavry nennt das „auf die Bahamas gehen". Fragen Sie dann nach, ob der Gedankenaustausch den Kontrahenten etwas gebracht hat. Das wird immer verneint, weil die verbale Auseinandersetzung das ganz normale Streitmuster der Konfliktparteien darstellt, das ihnen bisher noch nicht weitergeholfen hat. An dieser Stelle können Sie dann eine Reihe von Fragen stellen, die Bezug auf die Interaktion nehmen. Zum Beispiel, wie jeder gern hätte, dass der/die andere/n die Dinge darstellt und darüber berichtet. Oder wie sie einander deutlich machen können, was sie wollen. Oder schlicht und ergreifend, was sie insgesamt erreichen wollen.

Wiederholung

Was sich in Konflikten oft zeigt, sind ständige Wiederholungen. Ihre Coachees haben schon alles versucht, um die Gegenpartei zu überzeugen. Wenn einer von ihnen seine Leier wiederholt, langweilt sich der andere. Die Wiederholung deutet aber vor allem darauf hin, dass sich der Sprecher nicht gehört fühlt. Offenbar kommt seine Botschaft nicht an, und er weiß nicht, wie er das seinem Gegenüber deutlich machen kann. Das ist der Moment für dumme Fragen über Dinge, die für die Konfliktparteien selbstverständlich sind. Zum Beispiel Fragen zu ihrer Aufgabenverteilung oder ihrer Beziehung.

Fallbeispiel: Dienstfahrrad

Eine Führungskraft im mittleren Management und ein Mitarbeiter haben einen Konflikt wegen der Vergütung für ein Dienstfahrrad.

Der Mitarbeiter sagt bitter: „Sie sind der Vorgesetzte, Sie können was machen." (Er sieht den Vorgesetzten unverblümt an, rümpft seine Nase und setzt sich so, dass er den Vorgesetzten ein klein wenig überragt.)

Der Vorgesetzte reagiert verzweifelt: „Aber ich kann die Vorschriften nicht einfach ignorieren, sie wurden auf höchster Ebene so festgelegt! Das habe ich nun schon zig Mal gesagt!" (Er bewegt die Hände auseinander und haut auf den Tisch, zieht die Augenbrauen zusammen.)

Der Mitarbeiter reagiert mit hoher Stimme: „Ach, ja, das ist ja nichts Neues. Sie können ja nie etwas für uns tun." (Seine Stimme wird beim Sprechen höher, seine Wangen werden rot, er verschränkt die Arme.)

Die Führungskraft, beleidigt: „Wenn ich in der Position wäre, Veränderungen durchzuführen, würde ich das sofort tun." (Auch er verschränkt die Arme, hebt die Schultern leicht an und dreht sich von seinem Mitarbeiter weg.)

Der Mitarbeiter macht eine abwinkende Geste.

In diesem Gesprächsauszug wird die Konfliktkommunikation sichtbar. Der Vorgesetzte fühlt sich ohnmächtig und zu Unrecht einer Sache beschuldigt, die er, aus seinem Blickwinkel heraus, nicht ändern kann. Der Mitarbeiter macht deutlich, dass sein Vorgesetzter seinen Respekt verspielt hat und er sich ohnmächtig fühlt, weil der Vorgesetzte sich so positioniert, wie er es tut.

Es gibt viele Möglichkeiten, darauf einzugehen:

- Fragen, ob die Beteiligten das, was der jeweils andere gesagt hat, zusammenfassen können.
- Fragen, welche Gefühle sich bei diesem kurzen Meinungsaustausch bemerkbar gemacht haben.
- Fragen, was den Einzelnen an den Bemerkungen des Kontrahenten so bewegt.
- Darum bitten, erklärt zu bekommen, was genau so unverständlich an der Mitteilung des jeweils anderen ist.
- Die Coachees bitten, zu erklären, was der andere besser machen könnte, um die Kommunikation eindeutiger zu gestalten.
- Die Coachees auf ihre nonverbalen Signale hinweisen und fragen, welche Wirkung die Signale haben.

Auf den eigenen Annahmen beharren

Das letzte Fallbeispiel zeigt, wie die beiden Männer sich durch ihre Annahmen selbst innere Fesseln angelegt haben. Der Vorgesetzte geht fest davon aus, dass den Vorschriften unbedingt Folge zu leisten ist. Er übersieht, dass Vorschriften in Einzelfällen auch angepasst werden können oder dass sie unter Umständen einmal negiert werden können oder dass sie nur als Richtlinie zu sehen sind. Der Mitarbeiter geht davon aus, dass sein Vorgesetzter grundsätzlich die Entscheidungsbefugnis hat, und übersieht, dass der Vorgesetzte auch noch Verantwortliche über sich hat und dass es Spielregeln gibt, die für jeden im Unternehmen gelten.

Man kann die einengenden Überzeugungen der Konfliktbeteiligten herausfordern, indem man nachhakt und beispielsweise fragt, ob es ähnliche Situationen auch in der Vergangenheit oder auf anderen Positionen gab, oder man kann sich berichten lassen, wie es in anderen Bereichen des Unternehmens läuft. Oder man kann gemeinsam mit den Beteiligten die Grenzen der einengenden Überzeugungen ausloten: Wenn der Vorgesetzte schon alle Macht hat, was kann er dann so alles entscheiden? Hier kann man die Überlegungen bis ins absurd Lächerliche steigern. Oder: Wenn die Regeln immer befolgt werden müssen, was tun Sie, wenn ein Feuer ausbricht? Oder was tun Sie, wenn die Regeln sich einmal widersprechen? Auch hier kann man bis ins Unsinnige argumentieren.

Man kann die Konfliktparteien auch überlegen lassen, wo sie Handlungs- und Lösungsmöglichkeiten innerhalb der Überzeugungen der Gegenpartei sehen (innerhalb der Grenzen sind die Möglichkeiten genauso unbegrenzt wie außerhalb, sagte schon Jules Deelder[5]). Es geht vor allem darum, die Konfliktparteien spüren zu lassen, dass ihre Überzeugungen sie in den Möglichkeiten, einen gemeinsamen Nenner zu finden, einengen.

Opferverhalten

Opferverhalten ist faktisch die Leugnung des eigenen Anteils am Konflikt, was sich geradezu desaströs auf den Konflikt auswirkt. Die Konfliktpartei, die das Opferverhalten zeigt, denkt, dass ihr das alles widerfährt und sie selbst keinerlei Einflussmöglichkeit hat. Sie fühlt sich buchstäblich ohnmächtig und lässt so den bzw. die anderen Beteiligten immer mächtiger und überwältigender werden.

Für die andere Konfliktpartei bzw. die anderen Konfliktparteien ist dieses Verhalten ausgesprochen frustrierend, weil man mit einem ohnmächtigen Gegenüber nicht verhandeln und keine sinnvollen Absprachen treffen kann. Es wäre wohl möglich, den eigenen Willen durchzusetzen, man weiß aber schon vorher, dass es nicht funktionieren wird, außer man würde sich über die Gegenpartei hinwegsetzen.

Einem Menschen in der Opferrolle können Sie mit folgenden Maßnahmen helfen:

- Deutlich machen, dass jeder Beteiligte einen eigenen Anteil am Konflikt hat. Sie können zum Beispiel direkt danach fragen: „Was haben Sie zur Entstehung dieser Situation beigetragen?“ Sie können sich auch danach erkundigen, warum diese Person sich so ohnmächtig fühlt.
- Fragen Sie nach Beweisen: „Hat die andere Person tatsächlich alle Macht? Woraus leiten Sie das ab?“
- Weisen Sie auf die Handlungen hin, die die Person in der Opferrolle bereits unternommen hat.
- Stellen Sie die berühmte Frage von Jeffrey Wijnberg[6]: „Na und?“ (siehe auch die Textpassagen zu Provokation im Kapitel 2.3.7).

Emotionen

Manchmal passiert es, dass sich Konfliktparteien völlig in ihren Emotionen verlieren. Manche brechen in Tränen aus, werden ausfallend, laufen weg, sind irritiert usw. Am besten ist es, den Emotionen zunächst einmal Raum zu geben. Irgendwann einmal sind sie aufgebraucht. Es sei denn, dass die Emotion in physische Gewalt gegenüber der gegnerischen Partei umschlägt. So etwas habe ich in meiner Praxis aber noch nicht oft erlebt.

---

5 *Anmerkung der Übersetzerin:* Rotterdamer Schriftsteller und Poet.

6 *Anmerkung der Übersetzerin:* Niederländischer Psychologe und Autor.

Machen Sie die Emotion anschließend zum Thema: Benennen Sie die Emotion und fragen Sie, weshalb sie genau jetzt eine Rolle spielt: „Ich kann sehen, dass Sie verärgert sind. Stimmt das?“ Warten Sie auf Antwort und fragen Sie dann weiter: „Was genau verärgert Sie jetzt so?“

2.3.7 Wo liegen die Grenzen bei Manipulation und Provokation?

Als Konflikt-Coach manipulieren und provozieren Sie. Nicht um einen persönlichen Vorteil herauszuschlagen, sondern um Ihre Coachees auf ihrem Entwicklungsweg voranzubringen. Zumindest werden Sie mit Manipulation und Provokation arbeiten, wenn diese Methoden zu Ihnen passen. Ich finde, es handelt sich dabei um wichtige Interventionsmöglichkeiten, weil sie sehr schnell Wirkung bei den Coachees zeigen, ohne ihnen zu schaden und ohne sie zu verletzen. Wenn Sie aber bereits jetzt, beim Lesen dieser Zeilen, Widerstand fühlen, sind das womöglich keine Methoden, die Sie anwenden wollen. Interessant wäre dann die Frage, woher der Widerstand kommt.

Manipulieren

Das Wort „manipulieren“ hat einen negativen Beigeschmack. Es wird mit dem bewussten Beeinflussen und Hinters-Licht-Führen anderer Personen assoziiert, um sich selbst einen Vorteil zu verschaffen. Im Grunde genommen manipulieren wir uns alle fortwährend, bewusst oder unbewusst. Jede Werbung dient der zielgerichteten Beeinflussung Ihres Kaufverhaltens. Ein Gespräch mit Freunden über den besten Kaffee beeinflusst auch Ihr Kaufverhalten, aber unbewusst.

In seiner ursprünglichen Bedeutung ist „Manipulation“ ein neutraler Begriff. Es steht für das Vornehmen händischer Anpassungen. Ein Manipulator ist ein Instrument, welches die Hand ersetzen kann, zum Beispiel in einer radioaktiven Umgebung, oder das als Prothese für Menschen dient, die ihre Hand verloren haben. In diesem Sinn ist ein Coach ein Manipulator. Er beeinflusst das Verhalten seiner Coachees, sogar dann, wenn er gar nicht physisch anwesend ist.

In einem Konflikt-Coaching sind Beeinflussung und Manipulation kraftvolle Instrument für den Coach. Die Coachees sind in ihrem Konflikt gefangen, sie betrachten die weiteren Konfliktbeteiligten als Feinde und die Situation als unhaltbar. Sie sind in der Situation unfähig zur Selbstreflexion und können deshalb ihr Verhalten nicht selbst korrigieren. Indem man mit ihnen ein Coaching macht, manipuliert man sie im Grunde genommen.

Robert Cialdini ist derzeit der bekannteste Autor, der sich mit der Psychologie der Beeinflussung, des Überzeugens befasst. Er hat mehrere informative und gut lesbare Bestseller zum Thema verfasst. Cialdini (2017) nennt sechs „Prinzipien der Überzeugung“:

1. Gegenseitigkeit/Reziprozität
2. Commitment und Konsistenz
3. Soziale Bewährtheit
4. Sympathie
5. Autorität
6. Knappheit und Seltenheit

1. Das Prinzip Gegenseitigkeit. Niemand fühlt sich gern „schuldig“. Deshalb versuchen wir immer, mit gleicher Münze zurückzuzahlen, wenn uns jemand etwas gegeben hat oder etwas für uns getan hat. Dieser Mechanismus ist für Konflikt-Coaches wichtig, um das Vertrauen der Konfliktparteien zu gewinnen und um dafür zu sorgen, dass sie bereit sind, bei den Interventionen, die sie konfliktfähiger machen sollen, mitzugehen.

Sie können zum Beispiel allen Beteiligten Komplimente aussprechen („Ich bewundere Ihren Arbeitseinsatz“). Ich spreche manchmal auch sehr persönliche Komplimente aus („Was für wunderbare Menschen Sie doch alle sind. Jetzt müssen wir nur noch dieses Problem aus der Welt schaffen“) oder mache wechselseitig einmal der einen Seite ein Kompliment und dann wieder der anderen („Schön, dass Sie sich so dafür einsetzen, diese Situation zu klären.“ Und zu einem anderen Beteiligten: „Ich bin froh, dass Sie so offen sind.“).

Was auch sehr gut funktioniert, ist, den Beteiligten dafür zu danken, dass sie sich zur Sache geäußert haben. Damit zeigen Sie Ihre Wertschätzung für die Mitteilung. Ich habe oft erlebt, dass diese Form der Wertschätzung gut ankommt und die Konfliktparteien einander dann auch besser zuhören.

Und zu guter Letzt: Geben Sie, was Sie bekommen wollen. Wenn Sie zeigen, was Sie wert sind, zeigen Ihre Coachees auch, was sie wert sind. Sie können das tun, indem Sie zum Beispiel die Eskalationsstufen erklären (Information teilen) oder indem Sie sehr deutlich werden, wenn jemand sich unangemessen verhält (Grenzen aufzeigen), oder indem Sie das Gespräch wieder in gute Bahnen lenken (das können die Konfliktparteien selbst nicht).

2. Das Prinzip Commitment und Konsistenz. Wir Menschen orientieren uns gern an einmal gemachten Zusagen, unseren bisherigen Haltungen und erprobten Verhaltensweisen. Das Prinzip funktioniert auch im Konflikt-Coaching, und ich nutze es in mehrfacher Weise. Schon direkt am Anfang bitte ich jeden Beteiligten einzeln um „Commitment“. Ich schaue dabei jedem Einzelnen direkt in die Augen und warte auf ein Nicken oder ein „Ja“. So ähnlich, wie es der niederländische König Willem-Alexander bei seiner Amtseinführung 2013 gemacht hat. Es wirkt womöglich etwas schwerfällig, aber so kann man Menschen an sich und an ihr Versprechen binden. Auch im weiteren Verlauf des Coachings können Sie Ihre Bitte um

Commitment immer wieder wiederholen und die Coachees an die Tatsache erinnern, dass sie bereits Commitment für das Coaching gegeben haben.

Eine andere Möglichkeit, Commitment und Konsistenz zu nutzen, ist, wenn man Gemeinsamkeiten hervorhebt und Unterschiede immer kleiner werden lässt. Ihre Coachees sind oft schon sehr lange ganz und gar nicht miteinander einverstanden. Die Tatsache, dass sie gemeinsam an einem Tisch sitzen, ist eine der ersten gemeinsamen Aktivitäten, die seit langer Zeit umgesetzt wird. Wenn Sie immer wieder die Gemeinsamkeiten hervorheben (sie sitzen gemeinsam am Tisch, führen gemeinsam das Gespräch, definieren und verwirklichen gemeinsam Lernziele, finden gemeinsam Lösungen), betonen Sie das Gemeinsame so explizit, dass die Unterschiede automatisch kleiner erscheinen. Letztlich fühlen sich die Konfliktparteien dem Gemeinsamen verpflichtet.

Wenn Ihre Coachees sich Komplimente machen, ist es sinnvoll, sofort einzuhaken. Meistens sagen sie Dinge wie: „Ja, er kann sehr gut organisieren, aber ..." Wenn Sie sofort nach „aber" „Stopp!" rufen und fragen, ob der Angesprochene zuerst das Kompliment annehmen möchte, können Sie das Kompliment so oft wiederholen, bis es für die Person eine unverrückbare Tatsache geworden ist. Damit ist wieder ein negatives Etikett durch ein positives ersetzt worden.

3. Das Prinzip Soziale Bewährtheit. Menschen folgen der großen Masse oder den Menschen, von denen sie glauben, sie hätten Einfluss. Denken Sie nur einmal an Youp van 't Hek[7], der mit einem einfachen Scherz die Marke Buckler (alkoholarmes Bier) vom Markt verschwinden ließ. Sie können es auch in den sozialen Medien beobachten: Menschen mit vielen Followern bekommen aufgrund der schon hohen Zahl noch mehr Follower. In der Mediation wird das Bewährtheitsprinzip oft genutzt, um objektive Maßstäbe zu definieren. Welchen Wert hat zum Beispiel „guter Wille". Unabhängige Dritte können hier einen Wert festlegen. Oder wie sieht es mit der Regelung bei Kündigungen in der Firma aus, in der die Beteiligten arbeiten? Oder mit anderen Regelungen?

Im Konflikt-Coaching lässt sich dieses Prinzip nutzen, um die Coachees von ihren Positionen wegzubewegen. Sie können dann fragen, was in ihrem sozialen Umfeld sonst so üblich ist, was sich bewährt hat oder was in der Vergangenheit gültig war. So heben Sie hervor, dass es auch noch andere Standards gibt als die Positionen, auf denen die Coachees beharren.

Speziell für Coachees, die in einem bestimmten Gebiet Experten sind, habe ich eine Reihe von „Studien belegen ..."-Weisheiten gesammelt, die ich dazu verwende, sie von ihren Standpunkten wegzubewegen und eine Denkweise einzunehmen, die sich am Prinzip der Bedeutsamkeit (was ist wirklich wichtig?) orientiert.

7 *Anmerkung der Übersetzerin:* Niederländischer Kabarettist.

Ein Beispiel

Paare streiten sich oft darum, wie die Zahnpastatube nach der Benutzung hinterlassen wird. Natürlich geht es bei dem Streit nicht um die Zahnpasta, sondern um die Machtverhältnisse in der Beziehung. Ich weise dann auf eine Studie hin, in der ein Zusammenhang zwischen Zahnbelag und Herzinsuffizienz nachgewiesen wird. Der Verweis auf ein solches Studienergebnis hat bei diesen Coachees oft eine ähnliche Wirkung wie das Prinzip der sozialen Bewährtheit. Zugleich kann der Hinweis ein erster Schritt sein, um die Parteien für eine Denkweise zu sensibilisieren, die sich am Prinzip der Bedeutsamkeit orientiert (wichtig ist, dass die Zähne geputzt werden, nicht, wie mit der Tube umgegangen wird).

4. Das Prinzip Sympathie. Es ist einfach: Wir tun mehr für Menschen, Organisationen oder Ziele, wenn wir Sympathie für sie empfinden. Dabei spielt Folgendes eine Rolle: ein ähnliches äußeres Erscheinungsbild (Wir-Gefühl) und die Zahl der Begegnungen (für viele Menschen ist eine Begegnung „in echt" mehr wert als tausend gewechselte Tweets oder hundert geteilte Kontakte in LinkedIn).

Sympathie ist im Konflikt-Coaching in mehrfacher Hinsicht von Bedeutung. Wie bereits gesagt, sind die Erfolgsaussichten bei einem Coaching höher, wenn der Coachee und der Coach sich persönlich gut verstehen. Auch im Konflikt-Coaching ist das nicht anders. Je mehr Ihre Coachees von Ihnen halten, desto mehr werden sie sich im Coaching für eine Lösung und ihre Weiterentwicklung stark machen.

Die Konfliktparteien empfinden in der Regel wenig Sympathie füreinander. Das können Sie ändern. Auf der Grundlage des Sympathieprinzips können Sie die Konfliktparteien nach Ähnlichkeiten suchen lassen. Fragen Sie sie also, wie lange sie bereits im Unternehmen arbeiten, was für sie die Vorteile einer Zusammenarbeit sind (mit wem auch immer), was die angenehmste Zusammenarbeit bisher war (mit wem auch immer) und was das Besondere an dieser Zusammenarbeit war. Sie können heraushören, welche Werte und Normen in Bezug auf die Arbeit hochgehalten werden. Genauso können Sie bei anderen Konflikten, außerhalb der Arbeit, vorgehen. Konflikte in Beziehungen, der Umgang von Nachbarn untereinander, von Partnern untereinander oder welche Art Konflikt-Coaching Sie auch machen.

Sie können immer Gemeinsamkeiten finden, wenn Sie die Antworten auf eine abstraktere Ebene bringen. Sehen die Konfliktparteien denn andere Vorteile in der Zusammenarbeit? Dann ist ihnen gemeinsam, dass sie Vorteile sehen. Unterscheiden sie sich in ihren Normen und Werten bezüglich der Umgangsregeln am Arbeitsplatz? Dann sind sie sich wenigstens darüber einig, dass es Normen und Werte bezüglich der Umgangsformen in der Arbeit gibt. Sollte es wirklich gar keine Gemeinsamkeiten und Übereinstimmungen geben, bleibt Ihnen noch das „Agree to Disagree“: Wir sind uns darin einig, dass wir uns nicht einig sind.

Bei der Suche nach Übereinstimmungen stößt man automatisch auch auf Unterschiede. Möglicherweise sind die Gräben zwischen den Konfliktparteien so tief, dass sie glauben, nicht mehr gemeinsam in einer Firma arbeiten zu können. Auch zu diesem Punkt können Sie ins Gespräch kommen: Wie gehen die Konfliktparteien mit den Unterschieden um? Die Schlussfolgerung kann lauten, dass sie nicht zusammenarbeiten können. Dann können Sie als Coach gemeinsam mit den Konfliktparteien die Gedanken schweifen lassen, welche Lösungen es dafür geben kann.

5. *Das Prinzip Autorität.* Autorität ist in meinen Augen ein sehr spezielles Phänomen. Wenn eine Sterneköchin erklärt, wie man Spargel richtig zubereitet, werden Sie den Vorschlägen folgen. Wenn ein Polizist Sie anhält, fahren Sie rechts ran. Wenn eine Mitarbeiterin der Stadtverwaltung Ihre Fingerabdrücke für den Reisepass nehmen möchte, lassen Sie sie das machen. Hingegen werden Sie den jeweiligen Anweisungen nicht folgen, wenn Sie der Meinung sind, dass die entsprechende Person nicht genügend Autorität besitzt. In diesem Fall würden Sie den Aufforderungen nicht folgen, sondern tun, was Sie für richtig halten. Autorität ist, wie Respekt oder Macht, ein Geschenk, das man sich durch eine bestimmte Art des Verhaltens verdient oder, das man jemand anderem geben kann, indem man seine Autorität anerkennt.

Max Weber unterscheidet drei Typen legitimer Herrschaft (Weber, 1925): (1) die traditionelle Herrschaft (Anführer von Indianerstämmen, das Königshaus), (2) die legale Herrschaft, bei der eine Person ihre Autorität aufgrund ihrer Position besitzt, und (3) die charismatische Herrschaft, die auf den besonderen Fähigkeiten einer Person beruht. Ein Beispiel wäre hier Nelson Mandela. Für Sie als Konflikt-Coach und für Ihre Position ist es nützlich, wenn Sie mit diesen Formen der Autorität arbeiten. In einem Konflikt-Coaching stehen Sie auf derselben Stufe wie die Konfliktparteien. Erkennen die Konfliktparteien Ihre Autorität nicht an, so ist Ihre Leitung des Prozesses erschwert.

Traditionelle Herrschaft zu verkörpern, ist vielleicht etwas schwierig. Sie können zwar argumentieren, dass Sie als Konflikt-Coach einen jungen Zweig innerhalb der Coaching-Disziplin repräsentieren. Es gibt nicht viele Konflikt-Coaches. Wenn Sie sich explizit als ein solcher positionieren, schaffen Sie damit eine Tradition.

Die legale Herrschaft können Sie sich erarbeiten, indem Sie Ihre Fertigkeiten zur Geltung bringen. Am Anfang meiner Karriere als Konflikt-Coach nahm ich einmal an einem Workshop eines amerikanischen Professors teil. Er legte uns nahe, dass jeder sich einige Einleitungssätze für den Start von Gesprächen überlegen solle, die Auskunft über die eigene Rolle und die Struktur der Mediation oder des Coachings geben. Diese Eingangssätze mussten wir dann täglich üben, so lange, bis er uns quasi mitten in der Nacht hätte wecken und wir dann unseren Text hätten aufsagen können. Wenn Sie Konfliktparteien coachen, die Sie ständig unterbrechen, die viele Fragen stellen oder die zahlreiche Erläuterungen benötigen, können Sie trotzdem an der Struktur Ihrer Geschichte und damit dem Konflikt-Coaching festhalten, wenn Sie sie vorher verbal gut verankert haben.

Je mehr Konflikte Sie coachen, desto mehr lernen Sie Ihren „Mehrwert" kennen. Dadurch fangen Sie an, auszustrahlen, dass Sie Konflikt-Coach sind. Wenn Sie das vollkommen verinnerlicht haben, bekommen Sie automatisch eine charismatische Ausstrahlung.

Autorität kann auch zwischen den Konfliktparteien ein Thema sein. Das ist oft bei Konflikten zwischen Führungsebene und Mitarbeitern zu beobachten. Ein Mitarbeiter zieht die Autorität eines Vorgesetzten in Zweifel, oder aber der Mitarbeiter ist enttäuscht, weil die Führungskraft seine Bedürfnisse und die der Kolleginnen und Kollegen zu wenig im Blick hat und sich nicht schützend vor sie stellt. Es kommt auch vor, dass eine Führungskraft sich aufgrund ihrer Position für autorisiert hält, ihre Mitarbeiter nicht ernst zu nehmen. Alles wunderbare Überzeugungen, mit denen man sehr gut arbeiten kann, denn sie sind eine ständige Herausforderung in Arbeitskonflikten.

6. Das Prinzip Knappheit und Seltenheit. Knappheit meint - einfach gesagt - die Spannung zwischen den Bedürfnissen der Menschen und dem Vorhandensein der Mittel, um diese Bedürfnisse zu befriedigen. Regelmäßig kann man hierzu in der Zeitung darüber lesen, wenn es um die Diskussion über das Welternährungsproblem geht.

Auch Seltenheit gehört zu diesem Prinzip, wenn also nur eine kleine Menge von etwas vorhanden ist, der Bedarf aber deutlich höher ist, wie es zum Beispiel bei Diamanten der Fall ist. Wenn etwas selten ist oder es einen großen Aufwand bedeutet, die Sache herzustellen, schätzen die Menschen es desto mehr und halten es für begehrenswerter als Dinge, die zum Greifen nah sind. Möglicherweise ist das der Grund dafür, warum die Konfliktlösungen, die auf der Hand liegen, nie wirklich befriedigend für die Coachees sind.

Im Coaching lässt sich das Prinzip Knappheit auf unterschiedliche Weise nutzen. Eine etwas provokative Herangehensweise wäre, hervorzuheben, dass Konflikte keineswegs etwas Besonderes sind, auch dieser Konflikt nicht. Ja, natürlich ist die Situation für die Konfliktparteien nervenaufreibend, aber besitzt sie auch Seltenheitswert? Nein, sonst hätte Friedrich Glasl nie die sehr zutreffenden Stufen der Konflikteskalation entwickeln können. Wenn man den Mythos um den Konflikt herum einmal entzaubert, normalisiert sich die Situation. Das kann einen ernüchternden Effekt auf die eskalierenden Konfliktparteien haben. Wenn doch schon so viele Menschen vor ihnen ihren Konflikt gelöst haben, müssen sie das doch auch können (Prinzip der sozialen Bewährtheit).

Natürlich kann Knappheit auch der Auslöser für einen Konflikt sein. Die Frage ist dann, wie absolut die Knappheit ist. Wenn alle Arbeitnehmer um 17.00 Uhr nach Hause fahren, ist eine freie Fahrt auf der Strecke unwahrscheinlich. Wer dagegen um 14.00 Uhr unterwegs ist, fährt (meistens) staufrei. Warum sind dann um 17.00 Uhr so viele Menschen unterwegs und nicht zu anderen Zeiten? Und ist die Autobahn die einzige Straße, die zu ihrem Zielort führt? Welche Alternativen gibt es?

Dem Gefühl der Knappheit kann man sich anhand der Parameter Zeit, Notwendigkeit und Bedarf nähern. Knappheit und Mangel können auch als Anreiz für die Coachees dienen, Prioritäten zu setzen und sich zu entscheiden (vgl. auch die Abschnitte zu Selbstmanagement bei Konflikten und ergebnisorientiert verhandeln in Kapitel 4.1.1).

Provozieren

Die Coachingmethode Provokatives Coaching wurde von Frank Farrelly (www.provocativetherapy.com) erfunden und in den Niederlanden von Jeffrey Wijnberg und Jaap Hollander (u. a. Wijnberg, 2001; Wijnberg & Hollander, 2006) etabliert. Dabei handelt es sich um eine fantastische Methode, um Konfliktparteien in Bewegung zu bringen, indem man die Situation ein klein wenig eskalieren lässt (vgl. Tabelle 2).

Provokatives Coaching ähnelt dem liebevollen Triezen unter guten Freunden. Der provokative Coach ist warmherzig zu den Menschen, aber kalt zum Konflikt. Um provokativ zu coachen, braucht man daher einen guten Draht zu den Coachees. Wenn die Beziehung nicht ausreichend tragfähig ist, fühlt sich ein provokatives Coaching beleidigend und herablassend an. Verwenden Sie dieses Instrument also nur, wenn Sie es beherrschen. Wenn es sich nicht gut anfühlt, machen Sie es lieber nicht, schon allein, weil Ihre Coachees auch ohne Sie sehr gut in der Lage sind, sich zu beleidigen.

Tabelle 2: Übersicht über die verschiedenen Formen der Provokation sowie Beispiele für das Konflikt-Coaching

Provokatives Coaching	Konflikt-Coaching
Behaupten, dass das Problem gar kein Problem ist. Die Coachees werden sich dann sehr anstrengen, um deutlich zu machen, was das Problem ist.	„Aber, wenn Sie kein Geld wollen und auch nicht mehr in dieser Firma arbeiten wollen, dann gibt es doch gar kein Problem? Warum sitzen wir dann hier?“
Vorteile des Problems aufzählen. Das machen Sie, wenn Ihre Coachees sich nicht bewegen.	„Also eigentlich passt Ihnen der Konflikt gut in den Kram, jetzt müssen Sie die Rechnung noch nicht zahlen ...“

Tabelle 2: Fortsetzung

Provokatives Coaching	Konflikt-Coaching
Anderen oder dem System die Schuld am Problem geben. Damit geben Sie Ihren Coachees das Gefühl, klein und hilflos zu sein. Je dicker Sie auftragen, desto schneller werden sie protestieren. Das funktioniert sehr gut bei Opferverhalten.	„Ja, in so bürokratischen Organisationen hat der Einzelne nichts zu melden. Da kann man nur zuhören. Und selbst etwas unternehmen oder bewirken, ist nicht möglich. Tja, dann hilft es auch nicht weiter, dass wir hier am Tisch sitzen, das bringt letztlich auch nichts."
Ihren Coachee als Tollpatsch/Stümper bezeichnen. Er wird prompt beweisen wollen, dass er das nicht ist.	„Eigentlich ist das ja ganz schön doof, dass Sie hier sitzen. Es verschlingt Ihre kostbare Zeit, Sie müssen mich bezahlen, und genau genommen haben Sie gar kein Problem."
Kulturelle Stereotype verwenden. Ihr Coachee wird dagegen protestieren und einwenden, dass er ein einzigartiger Mensch ist.	„Ja, die Frauen machen immer alles so kompliziert, sie kapieren auch gar nichts." „Die Leute mit Migrationshintergrund sind so dumm und faul, Sie doch auch?"
Lächerliche Lösungen vorschlagen, damit der Coachee sich berufen fühlt, eine vernünftige Alternative einzubringen.	„Vielleicht ist es für Sie besser, auf die Bahamas auszuwandern? Da alles so furchtbar ist, wäre es doch besser, wenn Sie etwas Schönes machen würden, anstatt zu warten, bis die Bombe platzt?"
Absurde Erklärungen abgeben, sodass die Coachees relativieren.	„Wenn Sie Ihre Arbeit nicht machen können, weil Ihr Kollege nicht mitzieht, ist Ihr Unternehmen in einer Woche pleite. Ich meine ja nur, der Weltkonzern, bei dem Sie arbeiten, kann nicht funktionieren, ohne dass Ihr Kollege und Sie ihre Arbeit machen."
Mit den Gedanken abschweifen. Klienten können sehr in ihren eigenen Inhalten versanden. Wenn Sie als Coach ihnen dann Aufmerksamkeit schenken, bleiben sie in ihren Inhalten hängen. Wenn Sie aber in Gedanken abschweifen, ernten Sie ärgerliche und irritierte Reaktionen. So kommen die Coachees aus dem immer gleichen Trott heraus.	Nonverbales Verhalten: Aus dem Fenster schauen, in den Unterlagen herumsuchen, Kurznachrichten verschicken, aufstehen und weggehen.

Tabelle 2: Fortsetzung

Provokatives Coaching	Konflikt-Coaching
Partei im Konflikt ergreifen. Das wirkt vor allem bei Konfliktparteien, die noch sehr mit der Schuldfrage beschäftigt sind und allzu gern beweisen wollen, dass sie recht haben.	Wenn Sie abwechselnd Partei ergreifen, merken Ihre Coachees, dass beide Seiten gute Argumente haben und dass es sich lohnt, sich die Argumente anzuhören. Wenn Sie schnell von der einen zur anderen Parteiergreifung wechseln können, stochern die Coachees irgendwann im Nebel. Noch bevor sie ihre Argumente neu sortiert haben, können Sie schon übernehmen und etwas sagen wie: „Tja, Sie haben ja nun beide recht. Was soll nun geschehen?“

Ich wiederhole: Sie können nicht ohne Weiteres provokativ coachen, Sie müssen es wirklich beherrschen. Wichtig ist, dass Ihre Coachees verstehen, dass Sie ihre Belange vertreten, auch wenn Sie sie so provozieren. Die Grundhaltung ist:

- Provokation: Versuchen Sie, Ihre Klienten aus der Reserve zu locken, damit sie offen und ehrlich mit Ihnen sind. Seien auch Sie offen und ehrlich.
- Rapport (es muss eine Beziehung, ein Band bestehen): Es geht um den Prozess. Ihre Coachees müssen sehen können, dass es Ihnen um sie geht, aber dass der Inhalt ihres Problems davon unabhängig ist.
- *„The laughing state“*: Provokativ coachen ist coachen „auf des Messers Schneide“. Wenn Ihr Klient nicht lacht, sind Sie zu weit gegangen.

Was bringt provokatives Coachen Ihren Coachees?

- Aufmerksamkeit und Wachsamkeit
- Realitätscheck: Die Coachees lernen bewusst, die Wirklichkeit wahrzunehmen.
- Liebe und Zuneigung ausdrücken.
- Erkennen des eigenen Werts: Durch Ihre Provokation werden Ihre Coachees Ihnen beweisen, dass sie mehr wert sind, als sie denken.

2.4 Abschließende Bemerkungen

In diesem Kapitel haben Sie erfahren, wie sich ein Konflikt-Coaching von einem regulären Coaching und einer Mediation unterscheidet. Als Konflikt-Coach bewegen Sie sich an der Grenze der beiden Methoden der Begleitung von Menschen. Deshalb ist es wichtig, auch diese beiden Disziplinen zu kennen.

Natürlich haben Sie zwischen den Zeilen gelesen, was ich von Coaching, Konflikt-Coaching und Mediation halte. Eins-zu-eins-Coaching ist faktisch dasselbe wie das Eins-zu-eins-Konflikt-Coaching. Die Lernziele Ihres Coachees sind bereits in der Formulierung der Lernfrage (mit-)enthalten.

Konflikt-Coaching von zwei oder mehr Personen unterscheidet sich wesentlich von einem regulären Team- oder Gruppen-Coaching, weil Sie ohne festgeschriebene Lernfrage, aber mit einem festgelegten Ziel starten: der Lösung des Konflikts. Als Konflikt-Coach helfen Sie Ihren Coachees, dass sie ihre Lernfrage entdecken und sich diesbezüglich weiterentwickeln. Ob während dieses Entdeckungs- und Lernprozesses der Konflikt gelöst wird, ist eigentlich Nebensache. Wenn Ihre Coachees gelernt haben, konfliktfähiger zu sein, können sie ihre eigenen Lösungen finden.

In dieser Haltung ist auch ein Unterschied zwischen Konflikt-Coaching und Mediation festzuhalten. Mediation ist darauf ausgerichtet, eine Lösung für eine Uneinigkeit zu finden. Wenn die Parteien daraus etwas lernen, ist das ein erfreulicher Nebeneffekt, aber es ist nicht die Zielsetzung an sich.

Ein wenig Hornhaut auf der Seele schadet nicht – Ein Gespräch mit Marijke Lingsma

1. Wie stehen Sie persönlich zu Konflikten?

Nun, ich habe früher selbst oft gestritten - ich kann sehr hitzköpfig sein und schalte schnell in den Beleidigt-Modus. Ich habe gelernt, dass Konflikte etwas darüber aussagen, ob jemand mit seinen Emotionen und Bedürfnissen mehr gehört werden möchte. Auszusprechen, was einen berührt, lässt sich nicht mit einem Satz bewerkstelligen. Eigenverantwortliche Teams scheitern an der Tatsache, dass sie nicht mit Konflikten umgehen können, und das ist schade und unnötig.

2. Was halten Sie von Konflikt-Coaching?

Ich meine, dass Francine ten Hoedt und ich diesen Begriff „erfunden" haben, als wichtiges Instrument im Vorfeld einer Mediation. Eine Führungskraft, die ihre Mitarbeiterinnen und Mitarbeiter einfach nur in die Mediation schickt, hat ihre Hausaufgaben nicht gemacht. Ich finde es essenziell, dass Führungskräfte ihre Mitarbeiterinnen und Mitarbeiter dabei begleiten, wenn diese lernen, richtig zu streiten oder konfliktfähig zu werden. Dazu zählt auch, dass die Führungskräfte wissen, wann eine Eskalation erforderlich ist und wann es hingegen richtig ist, zu deeskalieren. Beide Interventionen sollten Führungskräfte bewusst beherrschen.

3. Was braucht ein Coach Ihrer Meinung nach, um Konflikte coachen zu können?

Er muss zuhören können und muss die Beteiligten miteinander ins Gespräch bringen. Eine beliebte Beschreibung der erforderlichen Eigenschaften eines Mediators gefällt mir in diesem Zusammenhang ganz gut. Der Mediator muss untätig, unwissend, obdachlos und schroff sein. Er darf keine Angst haben, und ein wenig Hornhaut auf der Seele schadet auch nicht. Als Coach muss man wissen, dass, wenn man bestimmte Dinge zum Thema macht, wenn man Emotionen ernst nimmt und wenn man Gespräche zulässt, bei denen es zur Sache geht, viel Schönes erreicht werden kann, das ohne den Konflikt weggewischt worden wäre. Solange es bellt und nicht beißt, sind Sie als Coach im Geschäft.

4. Was möchten Sie außerdem den Leserinnen und Lesern zu diesem Thema sagen?

Vermutlich macht dieses Buch Appetit auf mehr. Jeder Mensch kann konfliktfähiger werden. Das Kartenspiel „Spelen met conflicten" (dt. Version: 150 Fragen für das Konflikt-Coaching) ist nicht umsonst so beliebt und wird gern in der Arbeit mit Teams eingesetzt. Man kann es aber auch für sich allein nutzen.

Ich selbst unterscheide zwischen Angst und Furcht. Angst basiert auf diffusen Bildern und den dazugehörigen Emotionen. Bereiten Sie sich vor, sorgen Sie dafür, dass die diffusen Bilder klarer werden, und dann wissen Sie, ob Sie etwas zu befürchten haben. Durch die Vorbereitung werden Sie wissen, was zu tun ist.

Marijke Lingsma, Grande Dame auf dem Gebiet des Coachings, leitet den „Coachboulevard", der Ausbildungen für Coaches und diverse eintägige Kurse organisiert, darunter den eintägigen Kurs Konfliktcoaching. www.coachboulevard.nl

3 Die Grundhaltung des Konflikt-Coaches

Was erwartet mich in diesem Kapitel?

In den vorhergehenden Kapiteln haben Sie gelesen, wie ein Konflikt-Coaching grundsätzlich abläuft, und Sie haben Tipps, Instrumente, Mittel und Wege aufgezeigt bekommen, die Sie selbst im Konflikt-Coaching anwenden können. In diesem Kapitel geht es um die Grundhaltung und die Kompetenzen, die ein Konflikt-Coach benötigt. Es ist eine Kombination aus den Fähigkeiten eines Coaches und denen eines Mediators. Um Ihnen diese Grundhaltung zu erklären, nutze ich die beliebten Kompetenzprofile eines Coaches (offen, ehrlich und neugierig) und die eines Mediators (untätig, unwissend, obdachlos und schroff). Darüber hinaus gibt es Tipps, wie Sie diese Eigenschaften konkret beim Coachen von Konflikten einsetzen können.

3.1 Unterschiedliche innere Haltungen: Mediator, Coach, Konflikt-Coach

Was macht ein Coach?

Um zu erklären, was ein Coach macht, könnte man verschiedene Beschreibungen und Definitionen heranziehen. Die Essenz aller Beschreibungen ist, dass ein Coach seine Coachees darin begleitet, vorab definierte, selbst gewählte Lerninhalte umzusetzen („Hilfe zur Selbsthilfe“). Coaching ist ein Lern- und Entwicklungsprozess.

Was macht ein Mediator?

Ein Mediator hilft Konfliktparteien, eine Lösung für ihr Problem zu finden. Der Mediator folgt dabei einem mehr oder weniger festgelegten Pfad. Dabei ist das Ziel einer Mediation nicht direkt, dass die Konfliktparteien etwas lernen. Stattdessen soll vorrangig die Kommunikation der Coachees verbessert werden, sodass sie gemeinsam eine Lösung erarbeiten können, die von allen Beteiligten mitgetragen werden kann. Mediation ist ein kreativer Such- und Findungsprozess.

Was macht ein Konflikt-Coach?

Ein Konflikt-Coach ist jemand, der bei Konflikten anderer Menschen als Begleiter hinzugezogen wird. Es geht nicht um Mediation, Schlichtung oder Rechtsprechung. Es besteht eine Begriffsverwandtschaft zum Coach. Der Fokus des Coachs liegt auf dem Lernprozess der Beteiligten, indem er sie auf ihre Verantwortung für ihre persönliche Entwicklung sowie ihre Entwicklung im Bereich ihrer Leistung und Kompetenz am Arbeitsplatz hinweist. Ein Konflikt-Coach tut dasselbe, nur richtet sich sein Blick insbesondere auf die Entwicklung der Konfliktfähigkeit.

Das Konflikt-Coaching kann in einer Eins-zu-eins-Situation stattfinden, ähnlich wie bei einem persönlichen oder individuellen Coaching. Allerdings wird es viel häufiger um das Coachen von zwei oder mehreren Personen zugleich gehen, nämlich der Konfliktparteien und eventuell weiterer Beteiligter, wie Teams, Abteilungen oder größeren Einheiten der Zusammenarbeit.

Ein Konflikt-Coach richtet sich an die Konfliktparteien. Er analysiert, welche Verhaltensweisen und Glaubenssätze der Beteiligten die aktuelle Situation aufrechterhalten und wie die Konfliktparteien sich gegenseitig in die Enge treiben. Weiter wird der Konflikt-Coach die Beteiligten für die Sichtweise sensibilisieren, dass Menschen nun einmal unterschiedlich sind, auch in ihren Meinungen und Zielsetzungen. Doch gerade diese Unterschiede, so wird es der Konflikt-Coach vermitteln, sind eine Quelle der Energie und Bereicherung, auch am Arbeitsplatz. Dies tut er, indem er anhand von aktuellen oder vorhersehbaren Handlungsbeispielen aufzeigt, welche Annahmen und Glaubenssätze der einzelnen Konfliktparteien sich jeweils als hinderlich oder förderlich auf ihr konkretes Verhalten in Konfliktsituationen auswirken (ten Hoedt et al., 2005).

3.2 Was kann der Konflikt-Coach von einem Coach lernen?

Mit wenigen Worten kann man die Eigenschaften eines Coaches beschreiben, die auch auf einen Konflikt-Coach zutreffen. Ein Coach ist offen, fair und neugierig.

3.2.1 Offenheit

Offenheit meint die Haltung des Coaches seinen Coachees gegenüber sowie sein Offensein für die Geschichten anderer.

Physische Offenheit

Der Coach muss nicht nur mental eine offene Haltung seinen Coachees gegenüber einnehmen, sondern auch physisch. Insbesondere im Konflikt-Coaching reagieren Coachees sehr sensibel auf inkongruente Kommunikation. Man kann davon ausgehen, dass Coachees Unstimmigkeiten zwischen verbalen Aussagen und nonverbalen Signalen bemerken. Erfahrungsgemäß werden die Coachees dies bewusst oder unbewusst dazu verwenden, um Sie in ihre Auseinandersetzung hineinzuziehen. Wenn Sie Homosexualität ablehnen oder Menschen mit Migrationshintergrund nicht leiden können, können Sie noch so vorsichtig formulieren, Ihre Körpersprache wird Sie verraten. Außer, Sie sind Experte im Manipulieren mittels Körpersprache.

Frank van Marwijk zeigt auf seiner Webseite (www.lichaamstaal.nl) zahlreiche Beispiele zur Körpersprache, unter anderem veranschaulicht er auch, wie eine offene Haltung aussieht. Man sitzt aufrecht, die Arme liegen vor einem auf dem Tisch oder auf den Stuhllehnen. Bei einer geschlossenen Haltung sieht man verschränkte Arme oder übereinandergeschlagene Beine. Frank van Marwijk erklärt, dies seien nur Indikatoren, da manche Menschen einfach gern in der Sitzhaltung die Arme verschränken, ohne innerlich verschlossen zu sein. Wichtig ist, dass der Coach die Körpersprache seiner Coachees ein wenig lesen kann. Das gelingt am besten, wenn die Coachees am Erzählen sind, was vorgefallen ist. In dieser besonderen Situation können Sie ablesen, wie ein Coachee sitzt, wenn er sich ohnmächtig fühlt, welche Gesten jemand macht, wenn er sich ärgert, und wo im Körper sich Unruhe ausdrückt. Wertvolle Informationen für später, wenn Sie in Gesprächen mit den Coachees an der Entwicklung ihrer Konfliktkompetenz arbeiten. Durch die Körpersprache erhalten Sie Informationen darüber, wie die Coachees mit der Thematik umgehen.

Aus dem NLP (Derks & Hollander, 2000) ist bekannt, dass eine Haltung „ansteckend“ sein kann. Wenn Leute sich mögen und einander verstehen, übernehmen sie die Haltung des jeweils anderen. Sie als Coach können auch bewusst in diese Richtung arbeiten, das wird im NLP „Rapport herstellen“ genannt. Sie fangen damit an, Ihre Haltung ganz allmählich an die Person anzupassen, mit der Sie Rapport herstellen wollen. Es wird dann Momente geben, in denen Sie beide sich in Harmonie bewegen. Die Vorgänge des Spiegelns und Angleichens der eigenen Haltung an die andere Person gehen nicht ruckartig vor sich. Wenn die andere Person ihre Arme verschränkt hat und ihre Hände löst, um eine Tasse Kaffee hochzuheben, machen Sie diese Bewegung nicht sofort nach. Sie sehen sich ruhig an, welche Sitzposition sie danach einnimmt, und setzen sich dann genauso hin. Umgekehrt werden Sie merken, dass Menschen, die Sie mögen und Sie in Ihrer Rolle anerkennen, Ihr Verhalten spiegeln werden, ohne dass sie sich dessen bewusst sind. Dadurch wird der Rapport noch gefestigter.

Wenn Sie als Coach physisch eine offene Haltung zeigen, werden Ihre Coachees Ihnen darin folgen und in ihrer Haltung offener werden. Sie können Ihre Coachees auch bezüglich ihrer Haltung ansprechen und sie zum Beispiel fragen, ob sie bequem sitzen. Dadurch regen Sie Ihre Coachees dazu an, sich die eigene Haltung bewusst zu machen, und sie kommen möglicherweise in Bewegung.

Mentale Offenheit

Mentale Offenheit meint, dass jemand andere Meinungen und Verhaltensweisen oder Situationen, die außerhalb seines normalen Rahmens liegen, akzeptieren kann. Im Konflikt-Coaching können die Konfliktparteien schon fast zu Karikaturen ihrer selbst geworden sein und die schlimmsten Sachen über die Gegenpartei sagen und denken. Ich habe die verrücktesten Verwünschungen, Rachegelüste und Beleidigungen gehört, die sich Drehbuchautoren von TV-Soaps nicht erlauben würden. Man muss sich vergegenwärtigen, dass diese Menschen außerhalb des Konflikts normale, freundliche, rationale, besondere und einzigartige Menschen sind, sich aber innerhalb des Konflikts wie die größten Querschläger der Welt verhalten. Zu diesem Verhalten stacheln sie sich gegenseitig an.

Eine gute Möglichkeit, sich die mentale Offenheit zu erhalten, ist, zwischen Vorurteilen und Urteilen und zwischen Beurteilen und Verurteilen zu unterscheiden.

- Ein Vorurteil ist eine Meinung, die nicht auf Fakten beruht, wie: „Blonde Frauen sind dumm“, „Marokkaner sind kriminell“ oder „Chefs sind unfair“. Ein Vorurteil kann auch als einengende Überzeugung gesehen werden.
- Bei einem Urteil wägen Sie alle Vor- und Nachteile gegeneinander ab und hören sich an, was andere dazu zu sagen haben, dann nehmen Sie Ihren Standpunkt ein. In religiösen Kreisen wird vom Gottesurteil gesprochen, und in säkularen Kreisen kennen wir das Urteil des Richters. In beiden Fällen wird von einer Autorität ausgegangen, die die Weisheit besitzt, über Menschen oder eine Situation zu urteilen.
- Beurteilen ist der Vorgang, durch den ein Verhalten eingeschätzt und bewertet wird. Im Sport bewerten Jurys die Leistungen von Sportlern. Die Dozentin bewertet die Arbeit ihrer Studierenden. Beurteilen braucht einen Maßstab, der vorher festgelegt wird und dem eine Leistung entsprechen muss. Dann wird beurteilt, ob die Vorgabe erreicht wurde.
- Verurteilen meint, jemanden aufgrund seines Verhaltens zurückzuweisen. Richter verurteilen Straftäter zu gewissen Strafen. In der Zeitung liest man regelmäßig, wie Menschen verurteilt und geächtet werden, obwohl ihre Schuld noch gar nicht festgestellt wurde.

Auch Sie werden sicherlich Ihre Vorurteile haben und bestimmte Verhaltensweisen anderer Menschen verurteilen, und sei es nur aufgrund Ihrer Erziehung und persönlicher Erfahrungen. Das gehört zu unserem Menschsein dazu. Im Konflikt-Coaching kann es allerdings problematisch sein, wenn Sie ausgeprägte Vorurteile haben oder dazu neigen, ein bestimmtes Handeln zu verurteilen. Es ist hilfreich, wenn Ihnen bewusst ist, dass Sie diese Vorurteile haben oder bestimmte Coachees verurteilen.

Wenn ich spüre, dass ich für einen Coachee nicht wirklich offen sein kann, weiß ich, dass irgendein Vorurteil bei mir vorhanden ist. Ich versuche dann, blitzschnell zu entwirren, was am Verhalten dieser Person mich irritiert. Damit kann es gelingen, dass ich mich konkret auf das Verhalten der Person fokussiere und ihr nicht als Mensch allerlei schlechte Eigenschaften zuschreibe. Außerdem wird mir dann wieder bewusst, dass sich Menschen in Konfliktsituationen sowieso anders verhalten, als sie es normalerweise tun. Daraufhin fällt es mir leichter, mein Vorurteil über diese oder jene Person leicht wieder loszulassen.

Konfliktparteien haben jede Menge Vorurteile und Verurteilungen über den oder die Gegner auf Lager. Vor allem auf Stufe 4 der Konflikteskalation werden gern die Meinungen über die eigene Person und über die Gegenpartei festgezurrt.

Beispiel: Konflikteskalation

Frau C.: Ich habe Sie schon so oft gebeten, die ausgehende Post mitzunehmen, wenn Sie nach Hause gehen, aber nein, Madame ist sich zu fein.

Frau A.: Sie glauben doch wohl nicht, dass ich total verrückt bin. Es ist Ihre Aufgabe, die Post wegzubringen. Ich bin Chefsekretärin und kümmere mich nicht um derlei trivialen Kram.

Frau C.: Nein, die Dame könnte sich ja ihre schönen, teuren Nägel abbrechen, wenn sie einmal wirklich arbeiten würde.

Frau A.: Sie haben doch keine Ahnung davon, was ich den ganzen Tag hier mache. Dafür sind Sie schlicht zu blöd.

In diesem Gesprächsauszug fliegen die Vorurteile und Verurteilungen nur so hin und her. Frau C. verurteilt Frau A., wenn sie sagt, diese sei sich zu fein und würde nicht wirklich arbeiten. Man könnte auch ein Vorurteil darin sehen, dass sie denkt, schöne Fingernägel wären automatisch auch teure Fingernägel. Frau A. verurteilt Frau C. ihrerseits, indem sie sagt, Frau C. sei blöd. Ihr Vorurteil ist, dass sie denkt, eine Chefsekretärin müsse sich grundsätzlich nicht um einfache Belange kümmern.

3.2.2 Gerechtigkeit und Fairness

Gerechtigkeit ist in meinen Augen ein schwieriger Begriff. Was ist gerecht? Oft wird der Begriff gerecht im Zusammenhang mit „gerecht verteilt" gesehen: Jeder verdient oder bekommt dasselbe. Mein Mann und ich haben drei Kinder bekommen und aufgezogen, und ich habe oftmals gesagt, dass ich nicht immer gerecht bin. Denn es kam immer wieder vor, dass eines der Kinder schneller gewachsen ist und daher fast alle zwei Wochen eine neue Jeans gebraucht hat, während die anderen Kinder noch ein halbes Jahr lang nichts Neues brauchten. Manchmal wollte eines der Kinder ein Eis für 1 Euro und das andere Lakritz für 2,50 Euro, und das dritte wollte nichts. Was ist dann gerecht?

Aufrichtigkeit und persönliche Integrität sind weitere Assoziationen, die mit dem Begriff „Gerechtigkeit" in Zusammenhang gebracht werden. Wann ist man als Person integer? Wer beurteilt das? Wenn man in Indonesien für eine Genehmigung kein Schmiergeld bezahlt, bleibt man außen vor. Ist man dann nicht mehr integer, wenn man sich an die Gewohnheiten des Landes anpasst, in dem man lebt?

Eine weitere Assoziation zum Wort „Gerechtigkeit" kommt aus dem Bereich des Sports. Es ist die Rede von einem „fairen Spiel", wenn sich die Protagonisten an die Spielregeln halten. Wer bewusst und heimlich die Regeln umgeht, betrügt alle. Nur, wie findet man heraus, ob jemand bewusst die Regeln missachtet hat? Im Eifer des Gefechts kann es passieren, dass jemand so auf den Ball fokussiert ist, dass er seine Mitspieler gar nicht mehr sieht.

Gerechtigkeit ist auch für einen (Konflikt-)Coach ein schwieriger Begriff. Mir geht es in erster Linie darum, dafür zu sorgen, dass die Coachees ihrem Bedürfnis entsprechend Aufmerksamkeit bekommen, ihre Sicht der Dinge erzählen können und dabei von einem Coach, der nicht urteilt, begleitet werden.

Gerechtigkeit ist für die Konfliktparteien ähnlich kompliziert. In ihrer eigenen Wirklichkeit sind alle supergerecht, noch päpstlicher als der Papst und fest davon überzeugt, dass sie recht haben. Die Gegenpartei ist dagegen per se unfair. Es ist die Sache des Coaches, darauf hinzuweisen, dass es die Wahrheit an sich nicht gibt, sondern jeder seine Wahrheit auf der Grundlage der Informationen, die er zur Verfügung hat, erschafft und mit seinem Wissen und seiner Erfahrung anreichert. Ich gebe meinen Coachees manchmal das Gedicht von John Saxe über die sechs blinden Männer[8] zu lesen (vgl. Anhang, S. 155).

8 *Anmerkung:* Im Internet lassen sich bei Bedarf auch deutsche Versionen des Gedichtes von J. Saxe finden bzw. „Die Parabel von den Blinden und dem Elefanten".

3.2.3 Neugierde

Neugierde ist für mich die beste Eigenschaft, die ein Coach mitbringen kann. Ich meine damit nicht, dass er neugierig sein sollte auf Geheimnisse oder Klatschgeschichten, sondern neugierig darauf, was die Coachees zu erzählen haben. Je neugieriger Sie sind, umso mehr Information werden Ihre Coachees Ihnen geben. Das ist für die Coachees untereinander sehr wichtig, weil sie jeweils nur über einen Teil der Information verfügen. Sind die Coachees mit sich allein, überwiegt die Verärgerung übereinander zu sehr, als dass sie noch neugierig sein könnten. Sie brauchen einen neugierigen Dritten, der die Fragen stellt, die sie nicht mehr stellen können.

Die Neugierde hat zudem ein Ziel. Mit Ihren Fragen bewirken Sie, dass die Coachees relevante Informationen austauschen und dabei die eine oder andere Information auch hängen bleibt. Jeder Coach kennt die dafür geeigneten Fragetechniken, aber der Konflikt-Coach wendet sie auf eine noch spezifischere Art und Weise an:

Geschlossene Fragen

Geschlossene Fragen sind Fragen, die mit einem „Ja" oder „Nein" beantwortet werden können. Sie fangen mit der konjugierten Verbform an. Zum Beispiel: „Wollen Sie diesen Konflikt lösen?", „Wollen Sie sich dafür stark machen?", „Kann ich mich auf Ihr Wort verlassen?". Manche Fragen erscheinen wie geschlossene Fragen, sind es aber nicht. Zum Beispiel: „Möchtest du ein Käse- oder ein Schinkenbrot?" Würde jemand mit „Ja" antworten, weiß der Fragesteller noch nicht, was sein Gegenüber möchte.

Geschlossene Fragen liefern wenig Information, sind aber nützlich, um den Coachee auf seine Worte festzulegen, vor allem, wenn es um Komplimente oder Vereinbarungen geht. Geschlossene Fragen kann man verwenden, um jemanden zu einer Entscheidung zu zwingen oder ihn festzuzurren. Das hilft im Kontakt mit Menschen, die dazu neigen, alles zu überdenken oder in „Ja-aber"-Konstruktionen zu sprechen. Sie können sie zu einem „Ja" oder einem „Nein" zwingen, wenn Sie klarmachen, dass das die einzige Antwort ist, die Sie hören wollen.

Beispieldialog

Herr W.: Herr G. hat früher so tolle Sachen für die Firma gemacht, aber ...

Konflikt-Coach: Warten Sie mal. Sagten Sie eben, Herr G. hätte früher so tolle Sachen für die Firma gemacht?

Herr W.: Ja, aber ...

Konflikt-Coach: Warten Sie mal, Herr W. Herr G., haben Sie gehört, dass Herr W. sagte, er ist der Meinung, Sie hätten früher so tolle Sachen für die Firma gemacht?

Herr G.:	Mmh ... Ja, aber ...
Konflikt-Coach:	Herr G., wussten Sie, dass Herr W. der Meinung ist, Sie hätten früher so tolle Sachen für die Firma gemacht?
Herr G.:	Nein, das hat er nie gesagt.
Konflikt-Coach:	Aber jetzt schon. Das stimmt doch, Herr W.?
Herr W.:	Ja.
Konflikt-Coach:	O. k., also Herr G. hat früher tolle Sachen für die Firma gemacht?
Herr W. und Herr G.:	Ja.

In diesem Gesprächsausschnitt wird Herr W. vom Coach gezwungen, anzuerkennen, dass er Herrn G. ein Kompliment gemacht hat. Aus dem „Ja, aber ..." wird durch die geschlossenen Fragen ein „Ja". Aus diesem Beispiel kann man auch die Kraft der Wiederholung ablesen. Das Kompliment wird viermal wiederholt. Was anschließend über das Hier und Jetzt gesagt wird, ist nicht mehr ganz so dramatisch, weil jetzt die Basis für beide ist, dass Herr G. in der Vergangenheit tolle Sachen für die Firma gemacht hat. Wenn Herr W. dann berichtet, was heute nicht mehr so gut ist, können Sie darauf zurückgreifen und fragen: „Aber früher hat Herr G. tolle Sachen für die Firma gemacht, das haben Sie doch eben gesagt? Was kann er denn heute noch tun, was auch toll für die Firma ist?"

Offene Fragen

Offene Fragen sind Fragen, die man nicht mit einem „Ja" oder „Nein" beantworten kann. Sie laden ein, mehr zum Thema zu sagen, obwohl es Menschen gibt, die es meisterhaft beherrschen, einsilbig zu antworten. Zum Beispiel: „Wo wohnst du?" „Amsterdam." „Wie lange wohnst du da schon?" „Lang." „Wie sieht deine Wohnung aus?" „Schön."

Offene Fragen beginnen mit einem Fragewort: wer, was, wo, wann, womit, welche oder wie. Und dann gibt es noch die Warum-Frage. Eine Frage, die mit „Warum" anfängt, kann beschuldigend klingen, wie z. B. hier: „Wer hat gekocht?" „Ich." „Warum hast du für mich nichts gemacht?" Andererseits ist das „Warum" oft von wesentlicher Bedeutung. Warum vertraut Ihr Coachee der anderen Person nicht? Ich stelle die Warum-Frage gern als zweite Frage: „Was ist letzten Montag vorgefallen? Warum hat Sie das so aus dem Konzept gebracht?" Die Antwort auf die erste Frage liefert allgemeine Informationen, die Antwort auf die zweite Frage enthält persönliche Informationen.

Mit einer ganzen Reihe offener Fragen kann man seinen Coachees Information entlocken. Wenn ich das mache, schaue ich mir immer die Reaktionen desjenigen (oder derjenigen) an, der/die nicht am Erzählen ist/sind. Wenn ich Überraschung wahrnehme, hake ich sofort nach und frage die Person, ob sie das schon wusste. Manchmal macht eine schlichte Bemerkung einen großen Unterschied.

Beispieldialog

Mira M.: Ich weiß, dass man hier der Meinung ist, ich würde schlecht kommunizieren. Ich habe schon ein paar Kurse gemacht, aber es kommt mir so vor, als wollte es einfach nicht gelingen, das Gelernte in diesem Team anzuwenden.
Dirk F.: Du gibst also uns die Schuld?
Mark K.: *(zu Dirk F.)* Das hat sie doch nicht gesagt, Dirk.
Wiebke Z.: *(zu Mark K.)* Wer hat ihr denn gesagt, dass sie schlecht kommuniziert? Du?
Mira M.: Niemand hat es mir gesagt, aber ich habe so den Eindruck, dass ihr mich einfach nicht hört.
Dirk F.: Also, ich höre dich laut und deutlich. Du meinst ja, es hätte was mit uns zu tun, dass du nicht kommunizieren kannst.
Mark K.: *(zu Dirk F.)* Jetzt hacke doch nicht so auf ihr herum.
Wiebke Z.: *(zu Dirk F.)* Hat sie das zu dir gesagt? Die traut sich was.
Mira M: Könnt ihr vielleicht mit mir reden?

(Mark K. wischt sich über das Gesicht. Dirk F. und Wiebke Z. zeigen Grimassen.)

Konflikt-Coach: *(zu Mark K.)* Herr K., was passiert gerade?
Mark K.: Dieses Gespräch führt zu nichts.
Konflikt-Coach: Wie meinen Sie das?
Mark K.: Mira hat recht. Wir reden nicht mit ihr. Wir reden nur untereinander.
Dirk F.: Ja, fängst du jetzt auch noch damit an?
Wiebke Z.: Wir sitzen doch nun hier?
Mira M.: Ach, lass doch.
Konflikt-Coach: *(zu Mark K.)* Herr K., würden Sie bitte Herrn F. und Frau Z. erklären, was Sie damit gemeint haben, als sie sagten, Frau M. habe recht.
Mark K: Na ja, wenn man sich ansieht, wie wir auf Miras Bemerkung reagieren, dass sie denkt, sie würde schlecht kommunizieren und dass sie sogar schon Kurse deswegen besucht hat.
Konflikt-Coach: Wussten Sie das?

(Dirk F., Wiebke Z. und Mark F. schütteln den Kopf.)

Konflikt-Coach: *(zu Mark K.)* Macht das für Sie einen Unterschied, Herr K.?
Mark K.: Es bringt mich zum Nachdenken. Vielleicht kommuniziert sie ja besser als wir, und wir können von ihr lernen.
Konflikt-Coach: *(zu Dirk F. und Wiebke Z.)* Was denken Sie, Herr F., und Sie, Frau Z.?
Wiebke Z.: Vielleicht hat Mark den richtigen Punkt getroffen. Nur, wir sind so daran gewöhnt, auf diese Weise miteinander zu sprechen.

Dirk F.:	Wir meinen das auch nicht böse, es ist mehr ..., ja, wissen Sie, so machen wir es eben, und das muss man kapieren.
Mira M.:	Wie kann ich lernen, das zu kapieren?
Dirk F.:	*(mit tiefem Seufzer)* Ja, Mädchen, einfach machen.
Mark K.:	Aber das ist unfair. Wenn du etwas von ihr getan haben möchtest, musst du ihr sagen, was du erwartest.

Fragen, um Dingen auf die Spur zu kommen, und Fragen, die aus der Bahn werfen

Wenn man seine Coachees auffordert, zu erzählen, was passiert ist, sind manche in ihren Ausführungen sehr langatmig. Die Berichte sind faktisch Wiederholungen dessen, was sie sich untereinander schon die ganze Zeit erzählt haben. Es gibt auch Coachees, die in ihren Antworten eher kurz angebunden sind, sodass ihre Interessen oder Motive manchmal unklar bleiben.

Fragen, um Dingen auf die Spur zu kommen, sind Fragen, mit denen Sie Ihren Coachee einladen, mehr zu erzählen. Sie folgen seiner Spur, Sie möchten von ihm mehr Information. Das tun Sie als Coach, wenn Sie den Eindruck haben, dass derjenige noch etwas Relevantes zu sagen hat, weil Ihnen in dem bisher Erzählten etwas fehlt. Oft ist es so, dass auch der gegnerischen Partei etwas in der Aussage des anderen fehlt, etwas, das sie braucht, um den Standpunkt wechseln zu können. Allein kann sie die Sache nicht auf den Punkt bringen, oder aber sie hat die Leerstellen schon selbst ausgefüllt.

Fragen, die aus der Bahn werfen, bringen Ihren Coachee aus dem Lot, sodass er nachdenken muss. Von Donald MacGillavry, dem Begründer der Scheidungsberatung in den Niederlanden, ist bekannt, dass er manchmal einfach so ins Blaue hinein fragen konnte: „Wie ist derzeit das Wetter auf den Bahamas?“, und die Konfliktparteien beim Erzählen damit vollkommen aus dem Konzept brachte. Danach sagte er dann trocken: „Diese Geschichte haben Sie schon ein paar Mal erzählt, was wollen Sie wirklich sagen?“

Zirkuläre Fragen

Zirkuläre Fragen haben zum Ziel, eine Verbindung zwischen den Coachees herzustellen. Zum Beispiel: „Herr J., was kann Frau C. Ihrer Meinung nach tun, um aus diesem Engpass herauszukommen?“ Oder: „Was ist erforderlich, um diesen Konflikt zu lösen? Wie können Sie sich gegenseitig helfen?“ Auf diese Weise holen Sie Coachees aus dem „Nur-für-sich-Denken“ heraus und lassen sie erfahren, dass auch sie selbst einen Anteil an der Lösung des Konflikts haben. Das ist zugleich Bestandteil konfliktfähigen Verhaltens: Die Verantwortung für den Eigenanteil am Konflikt und an seiner Lösung zu übernehmen (Selbstreflexion, Veränderungsbereitschaft, lösungsorientiertes Handeln).

Reflexive Fragen

Mit reflexiven Fragen bringen Sie Ihren Coachee dazu, über sein Verhalten, seine Einsichten und Meinungen nachzudenken. Diese Fragen tragen dazu bei, dass der Coachee etwas über sich selbst lernt. Reflexive Fragen sind zum Beispiel: „Was halten Sie von der Situation? Was war Ihre Rolle in dieser Sache? Haben Sie lange überlegt, bevor Sie diesen Schritt gemacht haben?“

Bei Coachees, die sehr in ihrem Streitverhalten feststecken, sind diese Fragen nicht effektiv, weil sie in die Verteidigung oder in die Opferrolle gehen können. Dann ergeben sich Gespräche wie dieses:

Beispiele

Konflikt-Coach:	Was halten Sie von der Situation?
Coachee:	???
Konflikt-Coach:	Was war Ihre Rolle in dieser Sache?
Coachee:	Ich habe mich von ihm überrumpeln lassen.
Konflikt-Coach:	Haben Sie lange überlegt, bevor Sie diesen Schritt gemacht haben?
Coachee:	Nein, er hat mich dazu gezwungen.

Hier wird es Zeit für Suggestivfragen und/oder (hinter-)listige Fragen.

Suggestivfragen

Suggestivfragen sind Fragen, die von einer bestimmten Annahme ausgehen, zum Beispiel fragt Ihre Tante auf einer Party: „Du bist bestimmt anderer Meinung als ich.“ Oder: „Du trinkst doch immer Whisky, oder?“

Suggestivfragen kann man verwenden, um die andere Person aus der Reserve zu locken und wieder handlungsfähig zu machen. Außerdem können Suggestivfragen helfen, dass der Coachee sich seiner Selbst ermächtigt (Empowerment). Das hört sich so an: „Ja, wenn das Unternehmen sich nicht ändern kann, dann gibt es also keine Lösung, oder?“ Oder: „Sie können sich vermutlich nicht entschuldigen.“ Suggestivfragen werden dann zum Zweck der Provokation eingesetzt.

(Hinter-)Listige Fragen mit versteckter Absicht. Philine Spruijt und ich haben diesen Typ Fragen im Rahmen eines Auftrags entwickelt, bei dem wir sechs Teams einer Organisation in einer Umbruchphase begleitet haben. Dabei haben Philine Spruijt und zwei andere Coaches sich Fragen ausgedacht, um die Beteiligten miteinander ins Gespräch zu bringen. Um den Gesprächen mehr Tiefe zu verleihen, wurden die Fragen so gestaltet, dass sie einen anregenden bis herausfordernden Charakter haben. Als ich die Liste mit den Fragen zu sehen bekam, war mein erster

Impuls: Warum behalten wir diese Fragen für uns? Wenn wir daraus ein Spiel machen, können andere Coaches oder auch Führungskräfte ebenso damit arbeiten. So fing es an. Inzwischen haben wir zehn Spiele entwickelt, das neueste im Angebot heißt: 40 (hinter-)listige Fragen bei Konflikten[9].

(Hinter-)Listige Fragen sind eine Kombination aus Suggestion, Provokation und offener Neugierde. Ein paar sehr bekannte Fragen, die nicht von uns stammen, sind: „Wann haben Sie aufgehört, Ihre Frau zu schlagen?" (Die Frage enthält die Annahme, der Angesprochene würde seine Frau schlagen. Wer antworten möchte, hat keine Möglichkeit, zu sagen, dass er seine Frau nicht schlägt. Wenn man abstreitet, sagt man indirekt, dass man seine Frau immer noch schlägt. Wenn man bestätigt, sagt man indirekt, dass man seine Frau früher geschlagen hat.) Oder die Frage, die einem Bewerber beim Bewerbungsgespräch gestellt wurde: „Finden Sie Ja-Sager auch so unerträglich?" Wer ja sagt, ist selbst ein Ja-Sager, wer nein sagt, widerspricht der Person, die darüber entscheidet, wer den Job bekommt. Wie zielführend ist das in einem Bewerbungsgespräch?

(Hinter-)Listige Fragen balancieren am Rand der Zulässigkeit. Es ist die Art von Fragen, die einem einfällt, wenn man jemandem zuhört, die man dann aber nicht stellt, weil es unangemessen ist. Dennoch handelt es sich dabei oft um Fragen, die die andere Person zum Nachdenken bringen.

Das Besondere an (hinter-)listigen Fragen ist, dass sie stets einen persönlichen Aspekt enthalten. Allein an den diversen Reaktionen von Menschen auf (hinter-)listige Fragen ist dies ersichtlich: Manche finden die Fragen überhaupt nicht schlimm, anderen bleibt die Luft weg. Als Coach kann man lernen, solche Fragen zu stellen. Aus Sorge vor einer möglichen Eskalation lassen manche Coaches diese Fragen im Konflikt-Coaching jedoch außen vor. Der Grund, wenn Ihnen spontan solche Fragen in den Sinn kommen, könnte sein, dass Ihre Coachees in ihren Auffassungen, Meinungen und Glaubenssätzen feststecken und solche Fragen ihnen dann auf die Sprünge helfen könnten.

3.3 Was kann der Konflikt-Coach von einem Mediator lernen?

Mediatoren sind funktional untätig, unwissend, obdachlos und schroff (Kil, 1999).

- Sie sind untätig, um die Parteien zu aktivieren, selbst aktiv zu werden.
- Sie sind unwissend, um alle Annahmen, Meinungen und Überzeugungen der Parteien zur Diskussion zu stellen.

---

9 „Veertig Vileine Vragen", ein Kartenspiel in niederländischer Sprache mit 40 [hinter-]listigen Fragen, wird über die Website www.coachingcarrousel.com angeboten (Spruijt & ten Hoedt, 2009–2013).

- Sie sind obdachlos, weil Sie bei keiner der Parteien Unterschlupf suchen, sondern unparteiisch sind.
- Sie sind schroff, um die Konfliktinteraktion zwischen den Parteien zu regulieren.

3.3.1 Untätig

Die Untätigkeit des Mediators führt dazu, dass die Parteien sich gezwungen sehen, eine eigene Lösung finden zu müssen. Denn der Mediator bietet ihnen die Lösung nicht an. Übrigens tut ein Konflikt-Coach dies auch nicht. Und das ist schwieriger, als man denkt. Die Konfliktparteien haben in ihrem Denken über den oder die Kontrahenten und das gesamte Konfliktgeschehen schon so viele Haken geschlagen, dass sie die vernünftige Lösung nicht mehr sehen. Wenn sie die vernünftige Lösung sehen könnten, bräuchten sie auch keinen Mediator, um den Konflikt zu überwinden. Die vernünftige Lösung ist simpel, aber nicht im Sinne der Interessen der Konfliktparteien. Deshalb ist es wichtig, dass die Parteien eine Lösung finden, zu der sie sich bekennen können und zu deren Durchführung sie bereit sind, nämlich eine Lösung im Sinne ihrer Interessen.

Fallbeispiel

Ein Unternehmen hat mit einem externen Berater einen Vertrag über fünf Jahre abgeschlossen. Der Vertrag sieht vor, dass der Berater zwei Tage die Woche in einer Abteilung unterstützend tätig wird. Nach zwei Jahren kommt es zu einer Umstrukturierung. Der Abteilungsleiter, der den Vertrag mit dem Berater geschlossen hat, wird entlassen. Durch sein Handeln hat die Abteilung große Verluste erlitten, so dass das Unternehmen selbst in Gefahr ist. Der neue Abteilungsleiter sieht sich die Finanzen genau an und entdeckt, dass ein externer Berater seit zwei Jahren viel Honorar einstreicht, obwohl er noch keinen Tag gearbeitet hat. Der neue Abteilungsleiter echauffiert sich über diese Form des Betrugs. Er schickt einen empörten Brief, in dem er den Vertrag mit sofortiger Wirkung beendet.

Der Berater ist bereits an seinem ersten Tag mit dem ehemaligen Abteilungsleiter in Streit geraten. Er hat zahlreiche Briefe und Mails verschickt, die unbeantwortet geblieben sind, und ist sehr verärgert, als er nun diesen Brief des neuen Abteilungsleiters liest. Was sind das doch für Amateure in diesem Unternehmen! Das ist der x-te Beweis für ihre Inkompetenz. Er verlangt, dass die Laufzeit des Vertrags erfüllt wird. Es kommt zu getrennten Gesprächen mit den Parteien, weil sie nicht gemeinsam am Tisch sitzen wollen.

Der Berater erzählt, mit welcher Freude er den Auftrag angenommen habe und wie gern er sich der Aufgabe annehmen habe wollen. Dann sei es jedoch zu der Auseinandersetzung mit dem vorherigen Abteilungsleiter gekommen, bei der es um den Einsatz eines Mitarbeiters gegangen sei. Danach habe er nie wieder etwas gehört, außer dass sein Honorar automatisch überwiesen worden sei. Zuerst habe er noch alles Mögliche versucht, um den Kontakt wiederherzustellen, aber der Abteilungsleiter habe nicht mehr reagiert. Briefe an die Unternehmensleitung seien ungeöffnet zurückgekommen. Da habe er sich gedacht: „Okay, dann eben nicht."

Der neue Abteilungsleiter ist in einem einzigen Chaos gelandet. Sein Vorgänger war, wie sich zeigen sollte, überfordert und hat viele Dinge einfach schleifen lassen. Die ganze Abteilung hat das so miterlebt. Die Realität ist aber nun, dass es kein Budget gibt, um Entlassungen zu vermeiden. Der neue Abteilungsleiter hat sich durch die Unterlagen gearbeitet und gesehen, dass der Berater enorme Beträge erhalten hat, ohne auch nur einen Finger dafür krumm zu machen. Da dachte sich der neue Abteilungsleiter: „Ja, toll. Der kassiert seit zwei Jahren ohne Gegenleistung. Was für ein Betrüger!" Natürlich wollte er ihm zuerst den Hahn abdrehen.

Es kostet zwar Mühe, aber mit sanfter Hand gelenkt, sind der Berater und der Abteilungsleiter zu einem gemeinsamen Gespräch bereit. Jetzt kommen die bisher unsichtbaren Fakten auf den Tisch. Der Berater weiß nichts vom Burnout des (vorherigen) Abteilungsleiters und den Folgen, die das für die Abteilung hatte. Der (neue) Abteilungsleiter weiß nichts von den Versuchen, die der Berater unternommen hat, um seine Arbeit machen zu können. Ihre übertriebenen Vorstellungen über den jeweils anderen erweisen sich nach wenigen Minuten als unbegründet.

Nach einer halben Stunde sind sie damit fertig, ihren Frust auszutauschen. Sie gehen in ein Lokal in der Nähe, trinken einen Espresso in der Sonne und verständigen sich auf einen wunderbaren Deal. Nach einer Stunde bekomme ich einen Anruf: Die Sache ist erledigt.

3.3.2 Unwissend

Unwissenheit ist eine der effektivsten Eigenschaften eines Konflikt-Coaches. Schließlich hat er nicht das Wissen oder die Erfahrung der Konfliktparteien. Stattdessen ist alles, was sie sagen, neu für ihn. Deshalb kann er auch alles Mögliche dazu fragen, und das ist meist dringend nötig. Denn die im Konflikt befindlichen Parteien haben ihre Auffassungen/Meinungen/Annahmen so festgezurrt, dass sie sie nicht mehr verändern können. Ein Außenstehender kann nun überall Fragezeichen anbringen, wodurch die Parteien gezwungen sind, über ihre Selbstverständlichkeiten nochmals nachzudenken.

Mit ihren Antworten verrichten die Konfliktparteien ein gutes Stück Arbeit. Sie erklären ihre Standpunkte, geben wesentliche Information über ihre Wahrheit, sie gönnen dem Konflikt-Coach einen Einblick in ihre Denkmuster. Das sind alles Handreichungen auf der Suche nach dem Verbindenden, dem Gemeinsamen. Mit Unwissenheit kann man die Konfliktparteien von ihren einengenden Überzeugungen erlösen, nicht nur in der aktuellen Situation, sondern auch darüber hinaus.

3.3.3 Obdachlos

Obdachlosigkeit meint bei einem Mediator, dass die Konfliktparteien ihn als unparteiisch erleben. Sobald die Konfliktparteien einmal auf Stufe 4 der Konflikteskalation stehen, sind sie nämlich sehr sensibel, wenn es um recht haben oder nicht recht haben geht, und sehr damit beschäftigt, Verbündete zu finden.

Beispiel

Irgendwann einmal habe ich in einer Mediation den Beteiligten erzählt, dass ich ein großer Fan von Schokolade bin. Beim nächsten Gespräch hatte eine Beteiligte eine Schachtel Pralinen für mich dabei. Die andere Konfliktpartei sah verstört zu. Ich war kurz davor, die Pralinen abzulehnen, aber das hätte zweifelsohne dazu geführt, dass man dies als Parteiergreifung für den Kontrahenten interpretiert hätte. Ich bedankte mich also freundlich dafür, dass die Beteiligte das Gespräch auf diese Weise viel angenehmer machte. Ich öffnete die Schachtel und stellte sie zwischen die beiden. Niemand nahm etwas, und so gab ich ihr die Schachtel am Ende des Gesprächs wieder zurück und sagte, sie solle die Pralinen mit ihren Kolleginnen und Kollegen in der Abteilung genießen.

Andererseits stehen die Mediatoren nahe bei den Konfliktparteien und setzen sich engagiert dafür ein, dabei zu helfen, den Konflikt zu lösen. In diesem Sinn könnte man sie statt unparteiisch auch mehrfach parteiisch nennen (Böszörményi-Nagy & Krasner, 1994).

Als Konflikt-Coach ist man sicherlich mehrfach parteiisch, weil man den Lernprozess seiner Coachees begleitet, aber man sollte natürlich auch hier den Anschein der Parteilichkeit vermeiden. In einem individuellen Coaching ist das nicht so schwierig, da Ihr Coachee es nicht anders erwarten wird. Im Konflikt-Coaching kann Ihre Parteilichkeit aber durchaus eine Rolle spielen. Der einfachste Weg, einen solchen Eindruck zu vermeiden, ist, dass Sie sagen, mehrfach parteiisch zu sein, weil jeder Coachee einen anderen Lernbedarf hat. Daneben können Sie die Konfliktparteien auch einladen, sich immer dann zu Wort zu melden, wenn sie das Gefühl haben, dass Sie parteiisch sind. Wenn sie das gut umsetzen, bekommen Sie wiederum Einsichten in ihre Annahmen und Überzeugungen.

3.3.4 Schroff

Wenn man in einem Konfliktlösungsprozess Regie führen möchte, muss man sich trauen, auch einmal schroff zu sein. Auch beim Coachen von Konfliktparteien werden Sie merken, dass dies eine nützliche Fähigkeit ist. Die Konfliktparteien sind manchmal so schlecht aufeinander zu sprechen, dass sie nicht einmal den Mindestrespekt zeigen können. Das zeigt sich oft dann, wenn einer der Beteiligten gerade erzählt, was seiner Meinung nach vorgefallen ist. Eine oder einer der Anwesenden ärgert sich dann, weil sie oder er meint, es würde gerade blanker Unsinn erzählt. Sie können dies unterbinden, indem sie auf die Vereinbarungen am Anfang des Konflikt-Coachings verweisen.

Als Konflikt-Coach müssen Sie langatmige Sprecher stoppen können, schweigende Parteien zum Reden bringen können und eine heimliche Agenda offen auf den Tisch bekommen. Das verlangt manchmal eine Portion Kaltschnäuzigkeit oder Schroffheit, allerdings immer getragen von Liebe und Respekt.

Eine Methode, die sich dafür eignet, bei einem Konflikt-Coaching Gespräche zu leiten, ist die Fokusgruppe (Jones & Hunter, 1999; Kitzinger, 1999). Die Fokusgruppe ist eine wissenschaftliche Methode, eine Form der Gruppendiskussion, bei der die Gruppenmitglieder zu einem bestimmten Thema Beiträge liefern. Mir geht es nicht so sehr um die Methode selbst als um die Spielregeln der Fokusgruppe.

Die Spielregeln lauten:

- Erklären Sie, dass jeder Einzelne am Tisch wichtige Informationen besitzt und Sie deshalb von jedem Einzelnen gern hören möchten, was er zu sagen hat.
- Erklären Sie, dass Sie aus Zeitgründen Personen, die zu viel sprechen, unterbrechen werden und Personen, die wenig reden, einladen werden, ihre Geschichte zu erzählen.
- Bitten Sie die Gruppenmitglieder, nicht durcheinanderzusprechen.
- Erklären Sie, dass jede Information strikt vertraulich ist.
- Bitten Sie die Teilnehmer, die Meinung der anderen zu respektieren.
- Erklären Sie, dass jeder einzelne Teilnehmer mitverantwortlich für den Gruppenprozess ist.

3.4 Hinderliche und nützliche Überzeugungen

Im Laufe des Lebens gelangt jeder Mensch zu allerlei Überzeugungen, manchmal bewusst, manchmal unbewusst. Man kann zum Beispiel davon überzeugt sein, dass es bei Starbucks den besten Kaffee gibt oder dass man alten Leuten gegenüber höflich sein muss. Diese Überzeugungen sind nützlich und sinnvoll, weil sie dem Leben eine gewisse Orientierung geben. Manchmal sind Überzeugungen überholt. Wenn man sich dessen bewusst ist, kann man sie ändern. Es sind aber vor allem die unbewussten Überzeugungen, die uns Probleme machen können, eben weil wir gar nicht wissen, dass wir sie haben. Diese Überzeugungen halten uns zum Beispiel davon ab, Dinge zu tun, die wir gern tun würden (z.B. „Das schaffe ich doch nicht“, „Ich kann doch keine eigene Firma gründen“).

Auch bei Konflikten spielen unzählige Überzeugungen in das Konfliktgeschehen mit hinein:
- „Es ist unhöflich, so wütend zu werden.“
- „Wer seine Emotionen offen zeigt, ist ein Weichei.“
- „Streiten ist ordinär.“
- „Es ist besser, Konflikte zu vermeiden.“
- „Beim Berichten von problematischen Dingen sollte man vorsichtig sein.“
- „Wenn ich mich mit jemandem streite, werde ich diese Person verlieren.“
- „Weinen ist ein Zeichen von Schwäche.“
- „Streiten ist nicht erlaubt.“
- „Er hat angefangen, jetzt muss er auch den ersten Schritt auf mich zu machen.“
- „Sie hat mehr Macht, also kann ich nichts tun.“
- „Die Situation muss sicher sein, bevor wir uns daran wagen können.“
- „Auge um Auge, Zahn um Zahn.“

Solche Überzeugungen gibt es nicht nur bei den Konfliktparteien, sondern auch beim Konflikt-Coach. Auch für unsere eigenen Überzeugungen gilt: Manche sind sehr nützlich, manche nicht.

Nutzlose Überzeugungen

Die Aufgabe eines Konflikt-Coaches ist es, anderen zu helfen, konfliktfähiger zu werden, beziehungsweise den Klientinnen und Klienten Einsichten in die Muster ihres Streitverhaltens zu geben, und aufzuzeigen, wie sie diese durchbrechen können. Man kann sich dabei als Konflikt-Coach durch eigene Überzeugungen, Meinungen und Glaubenssätze über Konflikte selbst sehr im Weg stehen.

Für viele Überzeugungen, Meinungen und Glaubenssätze ist es an der Zeit, „in Rente zu gehen“, zum Beispiel:
- „Ich habe Angst vor Streitereien.“
- „Ein Streit darf nicht eskalieren.“
- „Konflikte müssen immer gelöst werden.“
- „Die Konfliktlösung muss während der Coachinggespräche gelingen.“

Ich habe Angst vor Streitereien

Die meisten Menschen haben nicht gelernt, sich zu streiten. Mehr noch, als Kind haben viele von uns eingeimpft bekommen: „Sei lieb zu deiner Schwester, sie ist noch so klein." „Nicht streiten, wenn wir weg sind!" Auch ich habe diese Sätze bei der Erziehung unserer Kinder verwendet und denke im Nachhinein, es wäre besser gewesen, andere Sätze zu sagen, zum Beispiel: „Deine Schwester ist noch sehr klein, aber wer weiß, was sie schon alles kann!" Oder: „Wir sind bis fünf weg. Tobe dich ruhig aus, solange wir nichts davon merken, wenn wir wiederkommen." Oder: „Ich finde es schöner, wenn du ... machst, damit machst du mir echt eine Freude."

Glücklicherweise sind unsere Kinder schlaue Erwachsene geworden, die unsere Überzeugungen über Bord geworfen und ihre eigenen Überzeugungen entwickelt haben. Streit muss keine unerwünschte Situation sein, solange die Menschen, die im Streit miteinander sind, wissen, wie sie damit umzugehen haben. Und genau das ist es, wobei ihnen der Konflikt-Coach hilft.

Damit Sie mit weniger Angst an Konflikte herangehen, können Sie ein gutes Gespräch mit sich selbst führen und die folgenden Fragen beantworten:

- „Wovor habe ich Angst, wenn es darum geht, mit jemandem einen Streit zu haben? Wie sieht das aus? Wie riecht es, wie fühlt es sich an, und wie klingt es?"
- „Was war das Bedrohliche an der Streitsituation? Ist das für mich jetzt auch noch bedrohlich?"
- „Wie oft habe ich so etwas schon erlebt?"
- „Was ist für mich so bedrohlich, wenn andere sich streiten? Wie sieht das aus? Wie riecht es, wie fühlt es sich an, und wie klingt es?"
- „Wie oft habe ich so etwas schon erlebt?"
- „Was war das Bedrohliche an der Situation für mich? Ist das für mich jetzt immer noch bedrohlich?"
- „Was passiert, wenn sich eine solche Situation im Konflikt-Coaching ereignet?" (Und das könnte ein Moment sein, an dem es eine gute Idee wäre, seine Intervisionsgruppe zu konsultieren oder einen Coachingkollegen anzurufen.)

Ein Streit darf nicht eskalieren

Wenn Menschen sich physisch angreifen, sich beschimpfen, anschreien, schubsen, beißen, mit der Faust auf den Tisch hauen oder andere starke Reaktionen zeigen, sind sie entweder mit warmen Konflikten vertraut, oder es geht für sie um eine wichtige Sache. Letztlich ist es einfach, wenn Menschen sich so explizit äußern. Sie als Coach können dann gut überblicken, wie weit der Konflikt bereits eskaliert ist, und Ihre Intervention daran anpassen.

Schwieriger wird es, wenn ein Konflikt nicht manifest ist. Dann kann es passieren, dass sie lange im Nebel herumstochern und nichts finden.

Beispieldialog

Paul:	In meinen Augen gibt es keinen Konflikt.
Marlene:	Unsere Führungskraft meint, wir gehen nicht gut miteinander um.
Richard:	Wir haben alle unsere eigene Arbeit, wir sind aufeinander angewiesen.
Judith:	Ich verstehe auch nicht, warum wir hier sitzen.
Konflikt-Coach:	Aber Sie sitzen doch hier. Was können Sie mir über die Situation erzählen?
Judith:	Ich sagte ja schon, dass mir nicht klar ist, warum wir hier sitzen. Den Vorfall letzten Freitag kann man ja schlecht einen Konflikt nennen.
Marlene:	*(zu Judith)* Was war denn am Freitag? Ich war ja nicht da.
Richard:	*(zu Marlene)* Ach, wie immer, so ein bisschen Getue eben.
Paul:	*(zu Richard)* Also, mir hat das jedenfalls keinen Spaß gemacht.
Marlene:	*(zu allen)* Jetzt sagt doch endlich, was los war.
Richard:	*(mit einem schiefen Blick auf Paul)* Nichts Besonderes. Herr E. [die Führungskraft] ist Paul angegangen, weil der keine Rücksprache mit mir gehalten hat, sondern auf eigene Faust eine Rechnung geschrieben hat. Die ist aber unvollständig.
Paul:	*(mit hochgezogenen Augenbrauen in Richards Richtung)* Ach, eine Rechnung zu einer Sache, über die du nicht Bescheid weißt, wird kaum besser werden, wenn ich vorher mit dir darüber spreche.
Richard:	*(schnell und mit etwas höherer Stimme)* Das sieht Herr E. eben anders.
Judith:	*(legt ihre Hand auf Pauls Arm)* Oh, Herr E. will immer, dass wir zuerst die Dinge miteinander durchsprechen, weil er sich selbst nicht gut auskennt. Er sieht überall Zusammenhänge, die es gar nicht gibt.
Marlene:	*(winkt mit beiden Händen)* Das wäre ja schrecklich, wenn ich dauernd mit euch Rücksprache halten müsste, schon allein wegen des zeitlichen Aufwands.
Richard:	*(mit einer hochgezogenen Augenbraue zu Marlene)* Nee, das wollen wir auch nicht haben, dass wir uns mit dir abstimmen müssen, deine Fachkenntnisse liegen ja vor allem auf dem Gebiet der IT. *(Eine höhnische Bemerkung, wie sich zeigen sollte, in Richtung der vielen Freunde von Marlene, die offenbar alle ITler sind.)*

In diesem Gesprächsauszug gibt es einige mögliche Konfliktpunkte:

- Es gibt keine Zusammenarbeit.
- Irgendetwas läuft zwischen Paul und Richard.
- Judith nimmt Herrn E., die Führungskraft, nicht ernst.
- Judith nimmt Paul vor Richard in Schutz.
- Inseldenken bei Marlene und Richard.

Die Coachees behaupten, es gebe keinen Konflikt, aber sie kommunizieren auf den ersten drei Stufen der Konflikteskalation, und vielleicht sind sie sogar schon kurz vor Stufe 4. Dadurch, dass geleugnet wird, dass es Streitereien gibt, können sie noch lange so weitermachen, ohne anzusprechen, was schiefläuft. Ein wenig (gut geführte) Eskalation hilft hier weiter:

Beispieldialog (Forts.)

Konflikt-Coach: *(zu Judith)* Wenn ich das richtig verstehe, finden Sie Herrn E. dumm? Warum?

Judith: Nein, ja, nein, das ist halb so wild, aber er meckert immer rum wegen der Zusammenarbeit.

Konflikt-Coach: Also, Sie finden Zusammenarbeit nicht wichtig. Sie wissen alle selbst Bescheid, wie der Hase läuft.

Paul: Wir sind alle sehr gut in unserer Arbeit, unsere Bereiche haben schon miteinander zu tun.

Richard: Ja, wir wissen alle ganz genau, was wir tun.

Konflikt-Coach: Oh, dann können Sie sich ja gegenseitig ersetzen, also wenn einer von Ihnen entlassen wird, ist das kein Problem.

Paul, Richard, Marlene, Judith (durcheinander): Entlassen? Hat er das gesagt? Natürlich können wir uns nicht zu hundert Prozent ersetzen. Wieso, gibt es wieder eine Sparrunde? Will Herr E. uns zur Zusammenarbeit zwingen?

Konflikt-Coach: Nein, von Entlassung ist nicht die Rede, aber ich war neugierig, ob Sie Ihre Arbeit ohne den anderen und füreinander machen können.

Paul: Nein, wir haben alle unser Expertenwissen.

Judith: Ich hole mir regelmäßig Tipps bei Paul.

Marlene: Richard nervt gern, aber er weiß am meisten von uns allen.

Richard: Gut, dass wir das mal festhalten. Übrigens lese ich regelmäßig eure Berichte, damit ich weiß, was los ist.

Konflikt-Coach: Wie oft?

Richard: Eigentlich immer ...

Durch die Kombination von Suggestivfragen mit dem Skizzieren einer unerwünschten Zukunft empfinden die Coachees genügend Stress, um ihre Gleichgültigkeit aufzugeben.

Manchmal braucht es die Eskalation, um Deutlichkeit zu bekommen. Ihre Coachees beherrschen es womöglich meisterhaft, Streit zu verhindern, aber damit wird auch nie ausgesprochen, was sie stört. Ein solches Verhalten kann jahrelang vor sich hindämmern und nebenbei das Teamverhalten vollkommen aushebeln bzw. untergraben.

Konflikte müssen immer gelöst werden

Auf den ersten drei Stufen der Konflikteskalation nach Friedrich Glasl gelingt es den Konfliktparteien noch gut, auf das Endergebnis zu fokussieren. Die Auseinandersetzungen sind funktional. Man könnte sie auch als Möglichkeit sehen, ihre unterschiedlichen (Einzel-)Wahrheiten zu einer einzigen, von allen geteilten Wahrheit zu verschmelzen.

Die Semiotik nach Charles S. Peirce (1839–1914) handelt von dieser Suche nach einer geteilten Zusammenarbeit. Peirce unterscheidet zwischen drei Erscheinungsweisen des Seins. Zur Verdeutlichung verwende ich gern das Beispiel mit den vier Stöcken und dem flachen Plastikviereck (vgl. auch Abbildung 5):

- Erstheit *(World of Firstness)* ist das Sein von etwas ohne Bezug auf etwas anderes. Es ist das Sein an sich, das als reine Möglichkeit besteht. Bezogen auf unser Bespiel handelt es sich bei der Erstheit um das flache Plastikviereck und die Holzstöcke. Es gibt zahlreiche Möglichkeiten, etwas mit diesen Objekten zu tun. Die Welt steht offen, die Dinge sind, was sie sind, ohne definiert zu werden.
- Zweitheit *(World of Secondness)* beschreibt die Verbindung zwischen den Dingen. Was vorhanden ist, hat immer eine gewisse Beziehung zu seiner Umgebung. Man kann sich überlegen, was die Verbindung zwischen dem Plastikviereck und den Holzstöcken sein könnte. Jeder Mensch wird etwas anderes darin sehen. Für den einen ist es ein Hocker, für einen anderen ein Tisch und für einen weiteren ein Kunstwerk.
- Drittheit *(World of Thirdness)* kennzeichnet ein Sein, bei dem alle einer Meinung sind, was die Verbindung zwischen den Dingen betrifft, die eine Verbindung definieren können, die von allen mitgetragen wird. In unserem Beispiel: Jeder sagt, was die vier Stöcke und das Plastikviereck für ihn darstellen. Danach wird darüber diskutiert, wie die Bilder miteinander in Übereinstimmung zu bringen sind. Wenn man eine gemeinsame Definition der Stöcke und des Plastikvierecks hat, haben Sie die *World of Thirdness* bzw. eine Übereinstimmung erreicht.

Solange keine Übereinstimmung erreicht wurde, ist es sinnvoll, zu streiten. Durch die Verteidigung des eigenen Standpunkts teilt jeder sein Wissen und seine Erfahrung mit den anderen. Die Suche nach einer gemeinsamen Definition stärkt die Beziehungen.

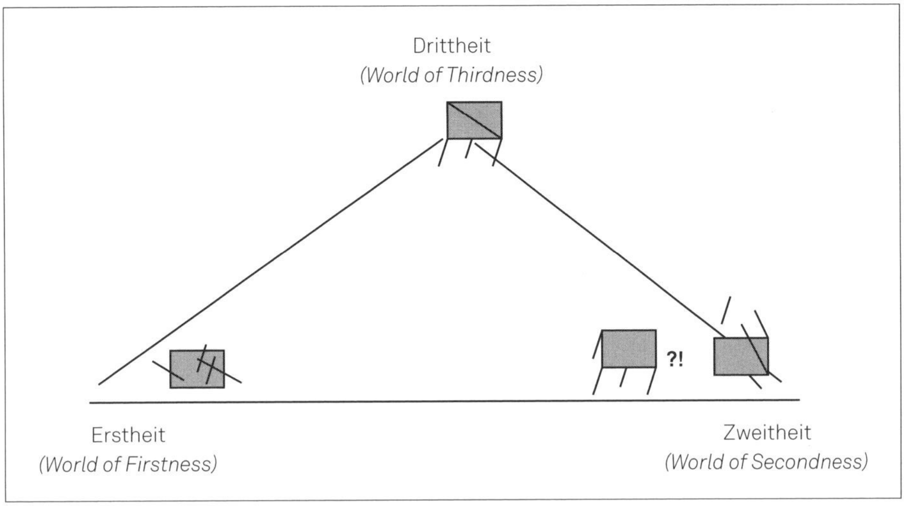

Abbildung 5: Semiotik von C. S. Peirce

Die Konfliktlösung muss während der Coachinggespräche gelingen

Ein Konflikt ist ein Prozess, in dessen Verlauf die Konfliktparteien immer schlechter miteinander umgehen und immer negativer übereinander denken. Durch das Konflikt-Coaching werden die Vorstellungen und die Annahmen, die sich jeder Beteiligte über die Kontrahenten und die Situation zurechtlegt, korrigiert: Der Feind erweist sich plötzlich doch als vernünftiger Mensch. Die Situation zeigt sich als komplexer als gedacht. Und man hat vielleicht sogar ein wenig Verständnis für die Position des/der anderen. Es ist allerdings schwierig, die einmal gehegten Vorstellungen wieder loszulassen. Ein Deeskalationsprozess kann zeitaufwendig sein und muss nicht während des Coachingverfahrens stattfinden.

In einem Konflikt-Coaching geht es ja darum, die Konfliktfähigkeit der Coachees im Hinblick auf eine Konfliktlösung zu entwickeln. Konfliktfähiger wird man nicht von einem Tag auf den anderen. Das braucht Zeit. Studien haben ergeben, dass man ein bestimmtes Verhalten mindestens 10.000 Stunden (oder etwa sechs Wochen) lang bewusst einüben muss, bis man es wirklich beherrscht (Lazeron & Van Dinteren, 2010).

Manchmal reichen ein oder zwei Gespräche mit den Coachees aus, um ihnen auf die Sprünge zu helfen, und alles Weitere können sie anschließend mit intervisionsartigen Methoden weiterbearbeiten. Am schönsten ist es natürlich, wenn sie sich gegenseitig in der Entwicklung ihrer persönlichen Konfliktfähigkeit unterstützen und das gesamte Team letztlich weniger konfliktanfällig wird. Je schneller das geschieht, desto besser. In der Evaluation werden Sie dann erfahren, ob das gelungen ist.

Nützliche Überzeugungen

Ich bin fest davon überzeugt, dass es nützliche Überzeugungen gibt, die das Coachen von Konflikten ein Stück einfacher machen:

- „Streit ist nützlich."
- „Übung macht den Meister."
- „Coachees sind wunderbare Menschen, nur ihr Verhalten in dieser Situation ist problematisch."
- „Kommunikation ist das Zauberwort."
- „Meine Meinung ist überflüssig."
- „Meine Lösung ist per Definition keine Lösung."

Streit ist nützlich

Streiten wird in unserer Kultur unterschätzt. Streiten ist wie Atmen, Essen oder Lieben ein fester und wünschenswerter Bestandteil des Lebens. Solange wir den Streit als unerwünschte Situation betrachten, kappen wir einen Teil unseres Lebens, und nicht nur das: Wir lassen die Chance, sehr viel zu lernen, ungenutzt. Durch einen Streit können wir viel über uns selbst und die Menschen in unserem Umfeld, über die Firma, in der wir arbeiten, und darüber, welche Handlungsspielräume es in verschiedenen Situationen gibt, lernen.

Natürlich spreche ich jetzt nicht von Konflikten in der Verlustphase, die den Beteiligten und ihrem Umfeld so viel Schmerz, Trauer und Verbitterung bereiten – auch wenn ich aus Erfahrung sagen kann, dass selbst die Beteiligten eines solchen Konflikts noch unglaublich viel lernen können. Dafür brauchen sie aber die Hilfe eines guten Konflikt-Coaches.

Es geht mir vor allem um die alltäglichen Konflikte, bei denen wir uns gegenseitig so sehr im Stich lassen, eben weil wir den Konflikt vermeiden. Letztlich wird man auch einsehen müssen, dass die Streitpunkte in anderen Momenten aufleben, wenn der Konflikt vermieden wird. Dies passiert immer öfter, bis einem lautstarken Streit nicht mehr aus dem Weg zu gehen ist. Die Wahrscheinlichkeit einer unhaltbaren Eskalation ist dann viel größer, als wenn man anfangs ein Ärgernis oder eine Kränkung angesprochen hätte. Und Versöhnung ist doch immer etwas Schönes!

Übung macht den Meister

In einer guten Ausbildung zum Konflikt-Coach erhalten Sie das Grundwissen, das Sie benötigen, um Konflikte anderer Menschen begleiten zu können. Die gute Ausbildung unterstützt sie und gibt Ihnen Sicherheit bei Ihren ersten Konflikt-Coachings. Die wirkliche Arbeit lernen Sie durch Erfahrung. Ich habe von meinen Coachees mehr über das Coachen von Konflikten gelernt als in der Mediationsausbildung, der Masterausbildung Konfliktmanagement und dem Lehrgang Coachen zusammengenommen.

Beim Konflikt-Coaching macht man Fehler. Auch wenn ich den Begriff „Fehler" hier an sich für falsch halte. Ich spreche lieber von einer Lernsituation, weil man aus den eigenen „Fehlern" so viel lernen kann. Im Übrigen denkt man ja immer bei sich, man habe einen Fehler gemacht. Man wendet eine Intervention an und es funktioniert nicht. Oder man sagt etwas und bekommt den geballten Widerstand der Coachees zu spüren. Man schuftet und ackert und nichts passiert. Dank der Reaktionen Ihrer Coachees oder dem Ausbleiben von Reaktionen erfahren Sie, wo es Verbesserungsbedarf gibt. Solange Sie es hinkriegen, in diesem Punkt Ihren Coachees gegenüber offen zu bleiben, ist alles in Ordnung. Wenn Sie selbst Ihr Verhalten zur Diskussion stellen, geben Sie für Ihre Coachees ein wunderbares Beispiel ab, wie auch sie das tun könnten, und im besten Fall überdenken sie ihr Verhalten im Konflikt.

Ich habe zum Beispiel ein Problem mit Namen. Wenn ich die Namen – sagen wir, der Mitglieder einer Gruppe – gelesen habe, kann ich sie mir merken, vergesse aber, welche Person zu welchem Namen gehört. Oder ich sehe eine Person, höre ihren Namen und habe dann das Gefühl, dass doch ein anderer Name zu dieser Person gehört. Jahrelang habe ich eine Frau Jacqueline genannt, obwohl sie gar nicht so heißt. Es passiert mir regelmäßig, dass ich Coachees mit den Namen anderer Coachees anspreche. Ich weise immer am Anfang eines Coachings auf diesen Umstand hin. Ich sage, dass ich diese Schwäche habe, dass es nichts mit Respektlosigkeit zu tun hat und dass ich die Anwesenden bitte, mir zu helfen, wenn ich bei den Namen durcheinandergerate. Im Ergebnis ist es immer so, dass alle Parteien mir gerne helfen und bei Bedarf den richtigen Namen sagen. Es bedeutet auch, dass alle Coachees in diesem Punkt zusammenarbeiten, was ein positiver Nebeneffekt ist.

Im Übrigen betrachte ich jedes Konflikt-Coaching als Übungssituation für mich. Einmal probiere ich eine neue Technik aus, ein anderes Mal wiederhole ich bewusst etwas, das ich bereits seit Jahren praktiziere. Für die Coachees hat das keine Bedeutung, sie wollen etwas lernen, und sie wollen ihren Konflikt überwinden.

Coachees sind wunderbare Menschen, nur ihr Verhalten in dieser Situation ist problematisch

Jeder Coachee, den ich bisher in einem Konflikt-Coaching betreut habe, war einzigartig. Im Konflikt werden Menschen oft zu einer Art Karikatur ihrer selbst. Das ist der Ausgangsgedanke hinter dem Stufenmodell von Friedrich Glasl, lässt sich aber auch sehr gut mit dem Kernqualitäten-Modell von Daniel Ofman (2006) erklären.

Ofman sagt, dass jeder Mensch Kernqualitäten besitzt. Das sind Charakterstärken, für die wir Komplimente bekommen. Oft ist uns gar nicht bewusst, dass wir diese Kernqualitäten besitzen. Sie sorgen auch dafür, dass wir erfolgreich in dem sind, was wir tun. Unter Stress neigen wir dazu, unsere Qualitäten besonders intensiv einzusetzen. Es ist schließlich eine Erfolgsstrategie, und noch mehr Einsatz bedeutet noch mehr Erfolg. Leider nicht! Es kommt zur Übertreibung. Ein gut strukturierter und ordentlicher Mensch kann unter Stress zu einem Pedanten und Kontrollfreak werden, an dem seine Umgebung verzweifelt. Das „Zuviel des Guten" nennt Ofman „die Falle".

Damit die Kernqualität als Qualität erhalten bleibt (und nicht übers Ziel hinausschießt), braucht es eine Gegenkraft. Diese Gegenkraft nennt Ofman „die Herausforderung". Ein Mensch, der in allem sehr sorgfältig und genau ist, muss unter Stress eher etwas nachlässig werden, ein bisschen loslassen. Er kann damit verhindern, alles dreimal zu kontrollieren, wo einmal genügen würde. Wenn aber Nachlässigkeit die Kernqualität ist, kann man diese unter Stress genauso übertreiben und sich im Ergebnis als Mensch zeigen, der sich nicht festlegt und an nichts gebunden sieht. Und das ist nun genau das Verhalten, über das sich or-

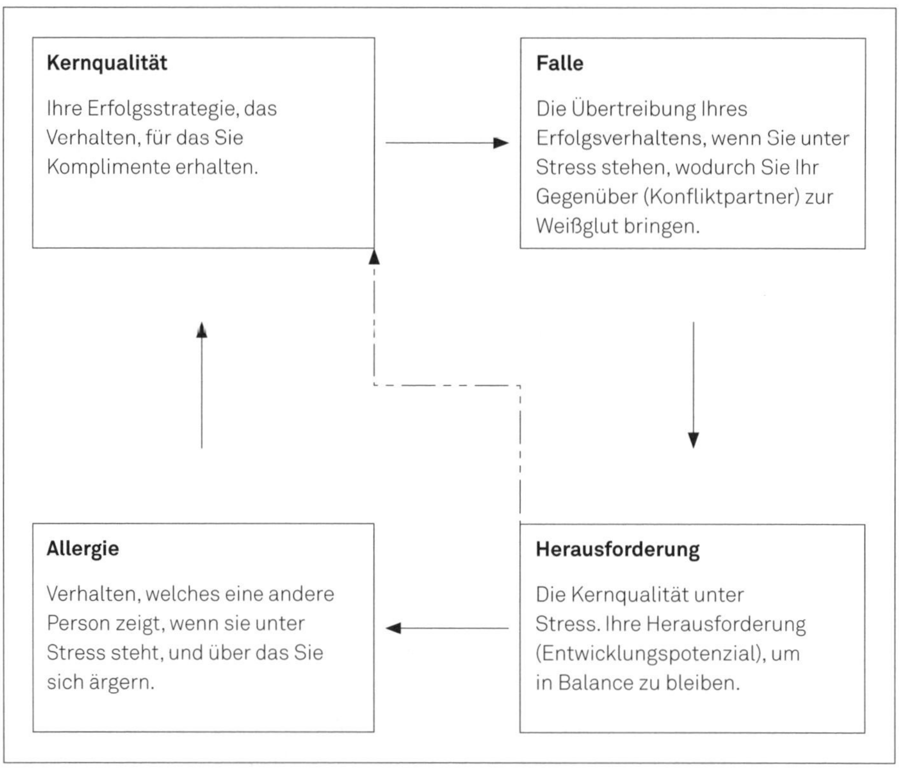

Abbildung 6: Das Kernquadrate-Modell nach Daniel Ofman

dentliche, sorgfältige Menschen maßlos ärgern. Diesen Ärger nennt Ofman „die Allergie“. Das bekannte Kernquadrate-Modell von Ofman ist in Abbildung 6 dargestellt.

In Konfliktsituationen treiben sich die Konfliktparteien in ihre jeweilige Falle, mit der Konsequenz, dass sie in der Allergie des jeweils anderen landen, wie Abbildung 7 veranschaulicht.

Bei einem Konflikt-Coaching ist dieses Modell sehr hilfreich, sowohl für die Arbeit mit Einzelpersonen als auch mit Gruppen. In manchen Teams genügt es bereits, dieses Kernquadrat zu erstellen, um den Konflikt zu lösen, wenn Sie die Allergien und die Fallen in Beziehung zueinander bringen.

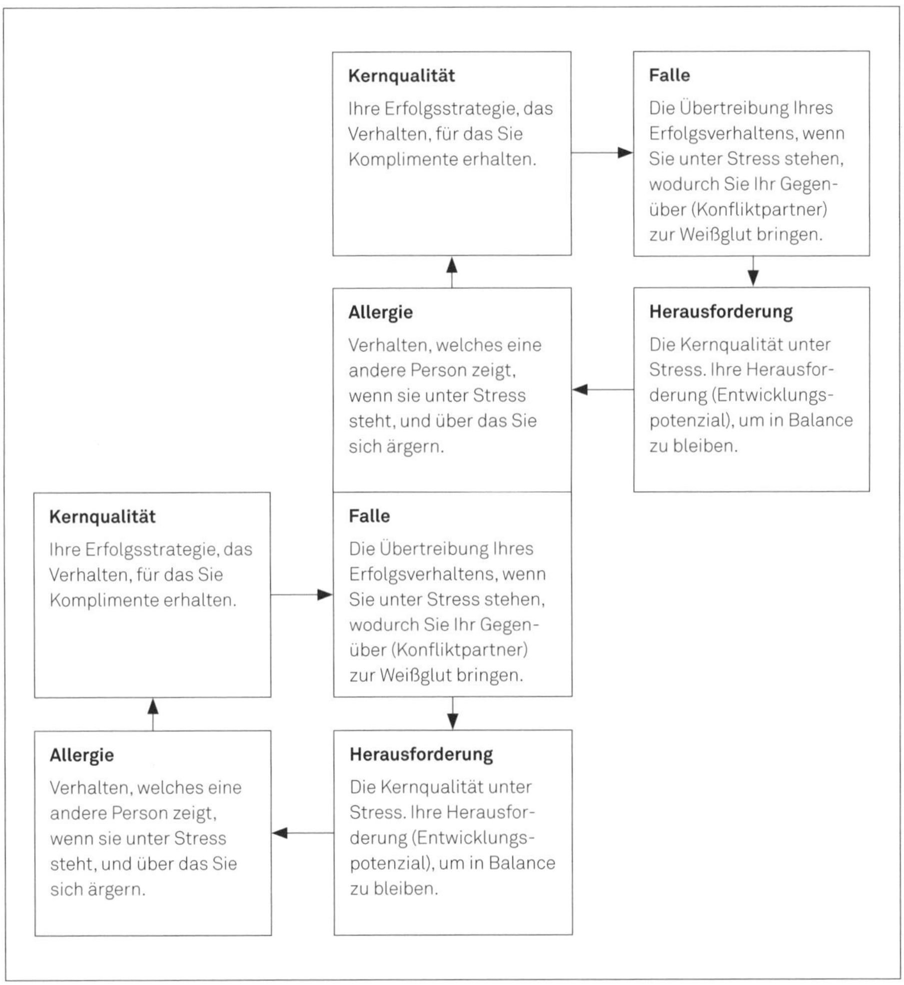

Abbildung 7: Das Kernquadrate-Modell nach Daniel Ofman bei einem Konflikt

Kommunikation ist das Zauberwort

Ineffektive Kommunikation kommt bei allen Konflikten vor, oft ist sie sogar die Ursache eines Konflikts. Als Coach erleben Sie die Kommunikationsschwächen der Coachees ganz unmittelbar. Im Eins-zu-eins-Coaching können Sie oft schnell aufzeigen, wo die Schwächen liegen, weil Sie sie selbst zu spüren bekommen. Wenn Sie alle Konfliktparteien zugleich coachen, erkennen Sie die Probleme an der Art und Weise, wie die Coachees miteinander kommunizieren. Auf die häufigsten Missverständnisse in der Kommunikation, die mir begegnet sind, gehe ich im Folgenden ein.

Wir reden von ein und derselben Sache. Einmal habe ich in einem Konflikt zwischen einem engagierten, hochqualifizierten Mitglied der Geschäftsleitung und seinem sehr praktisch orientierten, zupackenden Hauptgeschäftsführer vermittelt. Folgende Situation hat sich zugetragen:

Beispiel

Das Mitglied der Geschäftsleitung hatte für ein wichtiges Anliegen ein vorläufiges Konzept für das Unternehmen erstellt und es dem Hauptgeschäftsführer vorgelegt. Er bekam es zurück mit der Bemerkung: „Dieses Konzept ist ungeeignet.“ Das Mitglied der Geschäftsleitung ärgerte sich darüber, denn für die Erstellung seines Konzeptes hatte er mit Mitarbeiterinnen und Mitarbeitern aller Ebenen des Unternehmens Interviews geführt. Und die Geschäftsführung hatte doch selbst erklärt, wie wichtig das Thema sei und dass Handlungsbedarf bestehe. Wieso war das Unternehmen nicht reif für das Konzept bzw. den Vorschlag? Der Hauptgeschäftsführer hatte seinerseits drei Stunden lang versucht, zu ergründen, worum es bei dem Konzept genau ging, und wollte verhindern, dass dieses durch das Managementteam gleich zunichte gemacht würde. Deshalb wollte er, dass das Mitglied der Geschäftsleitung das Konzept in verständlicher Form nochmals neu verfassen sollte. Das vorläufige Konzeptpapier war in seinen Augen nicht dafür geeignet, verbreitet zu werden. Dieser Einschätzung stimmte das Mitglied der Geschäftsleitung vollkommen zu, als die sprachliche Verwirrung einmal aufgelöst war. Damit war das Problem gelöst. Auch zuvor hatte es schon Konflikte zwischen den beiden Herren gegeben, aber diese Situation war ein Augenöffner auch in Bezug auf andere Dinge, über die früher bereits gestritten wurde.

Wir verstehen uns blind. Wenn Menschen schon sehr lange miteinander arbeiten oder eine langjährige Beziehung haben, verstehen sie sich oft blind. Dann kann es zu einer Unterhaltung wie dieser kommen:

Beispiel

Mitarbeiter A: Hast du ...?
Mitarbeiter B: Ja, schon gestern. Schau mal.

Völlig unverständlich für Außenstehende, und doch eindeutig für die Beteiligten. Leider denken viele Menschen, sie würden sich klar ausdrücken („Kannst du das da mal hinlegen, dann passt dieses hier an diese Stelle.") und sind dann erstaunt, wenn sie nicht verstanden werden. Bei Umstrukturierungen in Betrieben kommt es besonders häufig zu Missverständnissen in der Kommunikation.

Umstrukturierungen werden in der Regel gut vorbereitet. Oft gibt es einen Kommunikationsplan, in dem festgelegt ist, wen, wann und worüber die Organisation informiert. Gern wird vergessen, dass man Information zwar anbieten kann, aber auch im Auge behalten muss, ob diese empfangen wurde bzw. ob sie verstanden wurde. Watzlawick et al. (2017) haben sich bereits zum Senden und Empfangen von Nachrichten geäußert.

Noch schwieriger wird es, wenn jemand ohne Weiteres davon ausgeht, dass eine Information, wenn sie einmal verschickt ist, vom Empfänger automatisch auch gelesen und verstanden wird. Das ist reine Illusion. Wenn man wirklich mit den eigenen Leuten kommunizieren möchte, sollte man Informationen auf unterschiedlichen Kanälen zur Verfügung stellen und sich vergewissern, dass die Informationen auch ankommen. Wenn nötig, kann das eine oder andere auch noch erklärt werden.

Und während ich das schreibe, wird mir bewusst, dass auch ein Buch eine Form der einseitigen Kommunikation ist. Wenn Sie darüber reden wollen ...

Ein weiterer Aspekt des „Sich-blind-Verstehens" ist der kulturelle Aspekt. In Teams und Unternehmen mit einer starken eigenen Kultur haben die Beteiligten oft längst die Regeln vergessen. Man hat sie vollkommen verinnerlicht und hat kein Bewusstsein mehr dafür, dass die gemeinsamen Werte und Normen irgendwann einmal definiert wurden, vielleicht sogar nur für diese eine Gruppe. In diesem Zusammenhang sind die Kulturdimensionen von Hofstede (Hofstede & Hofstede, 2005) sehr interessant und gut anwendbar, auch wenn der Autor sie ursprünglich für die interkulturelle Kommunikation formuliert hat. Hofstede benennt fünf Kulturdimensionen, nach denen man (Gruppen von) Menschen einordnen kann:

1. *Machtdistanz versus Gleichheit.* Hier wird die Gesellschaft in Kategorien von Ungleichheit und Hierarchien gedacht. In manchen Ländern, wie zum Beispiel in den Niederlanden, gilt die Gleichheit der Menschen als hohes Gut. Es ist unerheblich, ob jemand reich ist oder sehr gebildet, jede bzw. jeder Einzelne ist so gut oder schlecht wie jede oder jeder andere auch. In anderen Ländern, zum Beispiel in Lateinamerika oder in arabischen Ländern, gibt es eine deutliche Machtdistanz. Unternehmensleitungen oder auch Dozenten genießen aufgrund ihrer Funktion ein hohes Ansehen. Es wäre undenkbar, eine Dozentin zu duzen oder mit dem Vornamen anzusprechen. Hierarchie spielt eine wichtige Rolle, und deshalb verwundert es auch nicht, dass in diesen Kulturen sehr danach gestrebt wird, auf der Hierarchieleiter möglichst weit nach oben zu kommen.

2. *Individualismus versus Kollektivismus.* Bei dieser Dimension geht es um die Frage, ob sich jemand mehr als Individuum oder als Teil eines Kollektivs (Familie, Freundeskreis, Kirche usw.) sieht. Betrachtet man sich in erster Linie als Individuum, hat man die Freiheit, eigene Entscheidungen zu treffen, und trägt selbst die Verantwortung für sein Tun. Sieht man sich als Mitglied eines Kollektivs, ist man nicht nur sich selbst, sondern auch dem Kollektiv gegenüber in der Verantwortung. Oft heißt es, je mehr Wohlstand es in einem Land gibt, desto individualistischer ist die Bevölkerung. Machbarkeit, Wahlmöglichkeiten und Eigenverantwortung stehen hoch im Kurs.
3. *Maskulinität versus Femininität.* Bei dieser Dimension geht es um das Maß, in dem eine Kultur Werte wie Wettbewerbsverhalten, Selbstbewusstsein, Durchsetzungsfähigkeit und Ehrgeiz, die mit Maskulinität assoziiert werden, höher einschätzt als Qualitäten wie Bescheidenheit und Solidarität, die eher mit Femininität assoziiert sind. In maskulinen Kulturen werden die Rollen von Männern und Frauen klar getrennt. Ein Mann bügelt keine Wäsche, und eine Frau geht nicht zur Demo. In feminin geprägten Kulturen ist die Rollenverteilung deutlich gleichwertiger. Ein Mann, der auf Kinder aufpasst, ist in einer solchen Kultur genauso selbstverständlich wie eine Frau, die Autos repariert.
4. *Unsicherheitsvermeidung versus Unsicherheitsakzeptanz.* In manchen Kulturen wird Unsicherheit als inakzeptabel betrachtet. Es gibt Maßnahmen und Prozeduren, um Unvorhersehbares möglichst auszuschließen. In anderen Kulturen ist die Akzeptanz von Unsicherheit völlig normal. Man betrachtet es als gegeben, dass man die Dinge nicht steuern kann, also lebt man mit der Unsicherheit. Beispielsweise befinden sich die Niederlande und Deutschland auf einer Skala, die Unsicherheitsvermeidung abbildet, im mittleren Bereich. Mediterrane Länder belegen bei der Unsicherheitsakzeptanz die vorderen Plätze.
5. *Langzeitorientierung versus Kurzzeitorientierung.* Das Zeiterleben kann von Kultur zu Kultur sehr unterschiedlich sein. In westlichen Ländern ist man ungeduldig und fordert schnelle Resultate. Im Osten sind die Menschen in der Regel geduldig und beharrlich. Was heute nicht funktioniert, gelingt vielleicht morgen oder nächste Woche oder vielleicht nächstes Jahr. Oder wenigstens in der übernächsten Generation.

Mit diesen Kulturdimensionen arbeite ich häufig, wenn ich den Coachees zuhöre, wie sie erzählen, was passiert ist. Anhand ihrer Worte lässt sich heraushören, wie sie positioniert sind, und ob und inwiefern sie sich dabei ähneln. Wenn sie sich unterscheiden, ergibt sich daraus ein schöner Lernmoment.

Meine Meinung ist überflüssig

Konflikte werden von Meinungen dominiert. Alle Konfliktparteien haben ihre eigene Meinung zum Geschehen, zu den Kontrahenten und zum möglichen Ausgang der Geschichte. Auch in ihrer Umgebung gibt es Meinungen. Nicht nur von den Umstehenden in der Situation, in der sich der Konflikt abspielt, sondern auch die Familie, die Freunde und andere Kontakte haben eine Haltung zum Konflikt. Dadurch werden die Konfliktparteien auch mit der Zeit in die Emotionen ihrer Umgebung verwickelt, was bewirken kann, dass Annäherungsschritte der Konfliktparteien zum Scheitern verurteilt sind. Sogar Anwältinnen und Anwälten kann es passieren, dass sie den Konfliktparteien so gut und gerne helfen wollen, dass sie selbst schließlich mehr Partei sind als Interessenvertreter. Ich habe einmal eine Mediation durchgeführt in einer Angelegenheit, bei der die Anwälte derart aneinandergeraten waren, dass sie nicht einmal merkten, wie ihre Mandanten längst auf dem Weg zu einer Einigung waren. Das war dann schon wieder lustig.

Ihre Meinung als Konflikt-Coach hat für die Coachees keinen Mehrwert. Sie ist nur eine von vielen Wahrheiten im Kaleidoskop der Wahrheiten, auch wenn Sie über noch so viel Wissen, Erfahrung und Einsicht verfügen. Es geht nur darum, wer am Ende die Ergebnisse verbucht. Das erinnert mich an den Kapitän auf einem Frachtschiff. Er sagt: „Der Lotse kennt das Wasser, aber ich kenne mein Schiff. Wenn es spannend wird, treffe ich die Entscheidungen, denn ich bin verantwortlich."

Die vielen Meinungen zu kanalisieren und zu regulieren, das hat für die Coachees einen Mehrwert. Sie laufen sonst Gefahr, von ihren Unterstützern ausgebremst zu werden, sobald sie sich für ein neues Verhalten öffnen oder beim Finden einer Lösung für den Konflikt mitwirken. Manchmal eskaliert die Lage in einer Gruppe von Unterstützern noch mehr als bei den Konfliktparteien.

Fallbeispiel

Eine offene Handelsgesellschaft, bestehend aus fünf Gesellschafterinnen und Gesellschaftern, soll aufgelöst werden. Eine Gesellschafterin war schwerkrank und konnte ein Jahr lang keine Einkünfte für die Gesellschaft generieren. Die anderen Gesellschafter sind der Meinung, dass sie für diesen Zeitraum keinen Anspruch auf einen Anteil hat. Die Gesellschafterin sieht das anders und führt an, dass sie sogar während ihrer Erkrankung viele Interessenten/Kontakte vermittelt habe, die für die Gesellschaft wertschöpfend gewesen seien. Die Gespräche führen zu keinem Ergebnis, und so wird ein unabhängiger Gesprächsleiter eingeschaltet, der beim Besprechen der Probleme helfen soll.

Die inzwischen wieder gesunde Gesellschafterin erscheint mit ihrer Partnerin zum Gespräch, die früher selbst einmal für die Gesellschaft tätig war. Die anderen Gesellschafter sind überrascht, akzeptieren aber die Anwesenheit ihrer früheren Kollegin. Während des Gesprächs unterbricht diese immer wieder die Ausführungen der anderen. Sie wirft ihnen verantwortungsloses Verhalten der erkrankten Gesellschafterin gegenüber vor.

Die Gesellschafter kommen durch die Zwischenrufe gar nicht zur Frage, wie eine gerechte Verteilung dessen, was es zu verteilen gibt, aussehen könnte.

Ein Gesellschafter verlangt, die Partnerin solle nicht länger teilnehmen. Der Konflikt-Coach schlägt vor, die Partnerin sagen zu lassen, was wirklich das Problem ist. Es stellt sich heraus, dass diese selbst aus Unzufriedenheit über die interne Politik in der Handelsgesellschaft weggegangen war. Die Besprechung dieses Problems kann nun auf einen späteren Zeitpunkt vertagt werden. Jetzt ist der Weg frei, um den aktuellen Konflikt zu bearbeiten.

Hier zeigt sich, warum der „ökologische Check" am Ende eines jeden Gesprächs so wichtig ist: Welchen Einfluss haben die Geschehnisse am Coaching-Tisch auf die unmittelbare Umgebung? Die Konfliktparteien besprechen miteinander, was sie ihrem sozialen Umfeld erzählen und was nicht. Dabei kommen Fragen auf wie: Was ist während des Gesprächs passiert, das man seinem Umfeld gerne berichten möchte, und was kann bei der Emotionsregulation helfen? Wie können die Konfliktparteien dies ihren Unterstützern zu Hause darlegen?

Meine Lösung ist per Definition keine Lösung

Wenn Sie sich dabei ertappen, dass Sie eine Lösung für die Situation parat haben, können Sie sicher sein, dass Sie sich in die Inhalte haben verwickeln lassen. Dies ist kein gutes Zeichen für einen Konflikt-Coach. Sie sind schließlich nicht dazu da, eine Lösung zu generieren, sondern Sie begleiten die Konfliktparteien im Hinblick auf ihre Konfliktfähigkeit. Außerdem: Wenn es eine einfache Lösung gäbe, hätten die Kontrahenten Ihre Hilfe nicht gebraucht.

Sie können Ihre Position so sehen: Sie sind jemand, der aus tausend Teilen ein Puzzle macht, ohne das Bild zu kennen. Sie erhalten viele verschiedene Puzzleteile, von denen manche gut zueinander passen und andere sich allem Anschein nach nirgendwo einfügen lassen. Es geht nicht um das Bild, das Sie letztlich zusammenpuzzeln, sondern um den Prozess: Teile suchen, Teile sortieren, die Ränder machen und Fragmente verbinden.

3.5 Abschließende Bemerkungen

In diesem Kapitel haben Sie viel über die Praxis des Konflikt-Coachings und über die Position des Konflikt-Coaches erfahren. Da die Dynamik eines Konflikt-Coachings anspruchsvoll ist, wird dem Konflikt-Coach einiges abverlangt. Die wichtigsten Eigenschaften, die Sie als Konflikt-Coach besitzen sollten, sind: Offenheit, Distanz und mehrfache Parteilichkeit. Mit diesen Eigenschaften können Sie Ihren Coachees die Sicherheit vermitteln, die sie benötigen, um ihre individuelle Lernfrage zu erkennen sowie ihre Lernmomente, die der Konflikt für sie bereithält, zu identifizieren und zu nutzen. Ihre Fähigkeit zur Analyse, Ihre adäquaten Fragestellungen und Ihre Kreativität tragen dazu bei, dass die Coachees in der gemeinsamen Geschichte Raum schaffen oder ihre eigenen Wahrheiten entschlossen hinterfragen.

Alle genannten Methoden und Instrumente können Sie für Ihre Coachees verwenden, aber auch für sich selbst und damit Ihre eigene Konfliktkompetenz und Konflikt-Coaching-Kompetenz weiterentwickeln. Am besten wäre es, wenn Sie selbst einmal einen handfesten Konflikt erleben würden, bei dem Sie bis Stufe 6 der Konflikteskalation gehen müssen. In einem solchen Fall würde ich Ihnen gerne einen guten Konflikt-Coach wünschen, der mit Ihnen und Ihren Konfliktpartnern mitschwingt und Ihnen zeigt, wie Sie die Treppe hinauf Tango tanzen können.

Ein Konflikt ist ein Instrument, das hilft, mehr über sich selbst und die Beziehung zum Gegenüber zu lernen – Ein Gespräch mit Deliana van der Meer

1. Wie stehen Sie persönlich zu Konflikten?

Solange ich zurückdenken kann, spielen Konflikte eine Rolle in meinem Leben. Früher zu Hause war ich diejenige, die sich als ältestes Kind immer am klügsten verhalten sollte. Und auch in der Grundschule, war ich diejenige, zu der die Kinder kamen, die miteinander im Streit lagen. Das ist lange Zeit so geblieben, und letztlich habe ich meinen Beruf daraus gemacht.

2. Was halten Sie von Konflikt-Coaching?

Ich glaube, Konflikt-Coaching ist sehr gut geeignet, um sich bewusst zu machen, wie sich Menschen in Konfliktsituationen verhalten. Zugleich macht Konflikt-Coaching auch aufmerksam auf die Verhaltensweisen in der Zeit, die vor dem Konflikt liegt. Oft entspricht unser Verhalten dem, was wir in unserer Kindheit gelernt haben. Wenn ich mich als Beispiel nehme: Ich habe lange den Interessen anderer, fast schon automatisch, Vorrang vor meinen Interessen eingeräumt. Wenn man das so möchte, ist es in Ordnung, wenn es aber jedes Mal einfach so „geschieht“, ist es wichtig, sich das bewusst zu machen. Jemandem ein Geschenk zu machen, ist natürlich schön, aber die Voraussetzung, um selbst Freude daran zu haben, ist, dass man es freiwillig und bewusst macht. Ein Geschenk kann erst dann wirklich geschätzt werden, wenn der Schenkende es auch wirklich geben will. Wenn das nicht der Fall ist, bleibt die Wertschätzung auf der Strecke und am Ende ist eine oder sind beide Seiten frustriert. Den Interessen anderer automatisch Vorrang einzuräumen ist nicht dasselbe, wie den Interessen anderer Vorrang einräumen zu *wollen*. Auch wenn es im Ergebnis dasselbe ist.

3. Was braucht ein Coach Ihrer Meinung nach, um Konflikte coachen zu können?

Empathie, Vertrauen und Humor. Es braucht Empathie, um mit den Menschen, mit denen man zu tun hat, in Kontakt zu treten und zu bleiben. Vertrauen zu sich selbst und zu den anderen ist notwendig, um über den Tellerrand hinaus sehen zu können, und Humor ist unverzichtbar, damit wir relativieren können und letztlich aus der Problemstellung herauskommen können.

4. Was möchten Sie außerdem den Leserinnen und Lesern zu diesem Thema sagen?

Konflikte sind ein Tabuthema. Sich in einem Konflikt zu befinden, bedeutet für manche, versagt zu haben oder sich schämen zu müssen. Der Konflikt ist also negativ konnotiert. Das ist sehr schade, denn für mich ist ein Konflikt nichts anderes als ein Instrument, mit dessen Hilfe man mehr über sich selbst und die Beziehung zu anderen Menschen lernen kann.

Deliana van der Meer ist Psychologin, Mediatorin, Konflikt-Coach und Buchautorin (www.woordenwerken.eu).

4 Hilfreiche Instrumente für das Konflikt-Coaching

Was erwartet mich in diesem Kapitel?

In diesem Kapitel stelle ich Ihnen verschiedene Instrumente aus der Coaching- und Mediationspraxis vor, die Sie allesamt im Konflikt-Coaching einsetzen können. Im ersten Teil des Kapitels geht es um Instrumente, die für eine Eins-zu-eins-Coachingsituation geeignet sind, die aber auch beim gleichzeitigen Coaching mehrerer Konfliktparteien nützlich sind. Im zweiten Teil finden Sie ein Instrumentarium, das vor allem im Coaching von Organisationen, Teams und Gruppen zum Einsatz kommt.

Mit den vorgestellten Instrumenten habe ich selbst – manchmal nach geringfügigen Anpassungen – mit Erfolg in den letzten fünfzehn Jahren gearbeitet. Diese Aufzählung erhebt nicht den Anspruch, vollständig zu sein, und sie stellt auch nicht *das* Instrumentarium schlechthin für einen Konflikt-Coach dar. Mir geht es vor allem darum, Sie dazu zu inspirieren, selbst mit allem, was Sie einmal gelernt, erfunden und angewendet haben, zu experimentieren. Konflikt-Coaching ist nicht an eine bestimmte Methodik gebunden. Jede Intervention, die Ihre Coachees einen Schritt näher an ihre Lernziele heranführt und zu einer Lösung beiträgt, ist perfekt.

4.1 Die Konfliktfähigkeit eines einzelnen Coachees stärken

Wenn Ihr Coachee konfliktfähiger werden möchte, gibt es dafür spezifische Instrumente, mit denen Sie arbeiten können. In diesem Abschnitt beschäftige ich mich mit jenen vier Instrumenten, die sich in meiner Praxis als die effektivsten erwiesen haben:

1. Eine Bestandsaufnahme in Form eines Kompetenzprofils,
2. eine Methode, die das Selbstvertrauen stärkt,
3. Konfliktstile und
4. Lernstile.

4.1.1 Konfliktfähigkeit als Kompetenz

Die wichtigste Fähigkeit, die ein Mensch haben kann, ist Konfliktfähigkeit. Wir werden konfliktfähig geboren, verlieren aber im Lauf des Lebens (zum Teil) diese Fähigkeit. Dafür gibt es viele Gründe. Ein möglicher Grund ist, dass wir uns mit konfliktscheuen Menschen umgeben. Darüber hinaus kann das Erleben vieler Konflikte zu einem Verlust der Konfliktfähigkeit führen. Ferner begünstigt ein nicht genügend dickes Fell Einbußen in der Konfliktfähigkeit. Vor allem in Organisationen werden viele Ressourcen, Menschen und Emotionen an sinnlose Konflikte vergeudet. Zumeist handelt es sich hierbei um Konflikte, bei denen Emotionen die Oberhand gewonnen haben und die Beteiligten nicht mehr in der Lage sind, den Profit, den man aus dem Konflikt ziehen könnte, wahrzunehmen.

Konfliktfähige Menschen erkennt man daran, dass sie sich für ihre eigenen Interessen einsetzen, auch die Interessen anderer im Blick haben und mit der entsprechenden Kreativität an die Sache herangehen und dass die Lösung allen Beteiligten gerecht wird. Konfliktfähigkeit als Kompetenz besteht aus den folgenden Teilkompetenzen:

1. *Selbstreflexion.* Wie habe ich mich in der Situation verhalten, und was genau ist mein Anteil an der Entstehung und an der Eskalation des Konflikts? Wer sein eigenes Verhalten ernsthaft analysiert, lernt, sich in Zukunft in ähnlichen Situationen adäquater zu verhalten.
2. *Selbstbeherrschung.* Wenn ein Konflikt eskaliert, neigen wir dazu, uns von unserer schlechtesten Seite zu zeigen. Das verschlimmert die Sache aber nur und lädt die gegnerische Partei bzw. die gegnerischen Parteien ein, sich ähnlich unangenehm zu verhalten. Deshalb ist es so wichtig, dass wir unsere Primärreaktionen im Griff haben und in der Lage sind, diese in adäquate Reaktionen umzulenken.
3. *Metakommunikation über Emotionen.* Konflikte werden umso emotionsgeladener, je mehr sie eskalieren. Wer sich in einem frühen Stadium seiner Emotionen bewusst ist, sie akzeptiert und thematisiert, kann dafür sorgen, dass der Konflikt sachlich bleibt und nicht über die Win-Win-Phase hinausgeht (vgl. auch Kapitel 1.4).
4. *Courage.* In unserer Kultur ist es üblich, Konflikten auszuweichen, was ihnen aber die Möglichkeit gibt, unterschwellig – im Verborgenen – weiter zu wuchern und sich zu unlösbaren Fehden auszuwachsen. Es braucht Courage, andere Menschen zur Rede zu stellen und zu konfrontieren, aber danach können Sie die süßen Früchte ernten.
5. *Selbstmanagement bei Konflikten.* Wenn eine Person in der Lage ist, ihr eigenes Verhalten zu korrigieren oder um Hilfe zu bitten, kann es gelingen, in der Win-Win-Phase des Konflikts zu bleiben. Ein Konflikt passiert einer Person nicht einfach so, sie trägt selbst zur Eskalation bei und auch zur Lösung.

6. *Bereitschaft zur Entwicklung.* Ein Konflikt ist eine ultimative Lernsituation. In der Win-Win-Phase wächst Ihr Wissen, weil Sie ein Kaleidoskop an Blickwinkeln auf die Situation angeboten bekommen. In der Emotions- und Kampfphase lernen Sie sich selbst besser kennen, sowohl im Positiven als auch im Negativen - wenn Sie offen dafür sind.
7. *Ergebnisorientiert verhandeln.* In einem Konflikt geht es um Interessen. Wer gut verhandeln kann, schafft es eher, die eigenen Interessen und die Interessen anderer unter einen Hut zu bekommen. Es geht dabei nicht um Recht im juristischen Sinn oder um einen finanziellen Vorteil oder Status, sondern darum, Win-Win-Situationen herbeiführen zu können (vgl. auch Kapitel 1.4).

Im Anhang auf Seite 156 finden Sie eine Checkliste zur Erfassung der Konfliktfähigkeit, die Ihre Coachees zur Bestandsaufnahme der Kompetenz „Konfliktfähigkeit" ausfüllen können. Beim Ausfüllen der Vorlage (eventuell in Kombination mit einem 360°-Feedback) können Ihre Coachees diejenigen Bereiche entdecken, in denen es noch Entwicklungspotenzial für sie gibt.

4.1.2 Einhundert Prozent Selbstvertrauen

Frank Schaper[10] hat 2012 ein wunderbares Buch zum Thema Selbstvertrauen veröffentlicht. Er behauptet, jeder Mensch würde mit einem vollausgebildeten Selbstvertrauen geboren, aber im Lauf des Lebens zeigten sich immer auch Schwankungen, was die Stabilität des Selbstvertrauens betrifft. Er beschreibt in seinem Buch drei Ursachen, die zum Verlust des Selbstvertrauens führen, drei mögliche Wege, wie man sein Selbstvertrauen zurückgewinnt, und drei Wege, wie man es aufrechterhält (vgl. Abbildung 8).

In Konfliktsituationen verlieren viele Menschen ihr Selbstvertrauen. Wie oft habe ich von meinen Coachees Sätze gehört wie: „Es liegt wahrscheinlich an mir, aber ...", „Ich glaube, dass ich verrückt werde" oder „Das kann doch wohl nicht so sein, dass ...".

Ein Coach kann seinem Coachee kein Selbstvertrauen übertragen, aber er kann dem Coachee dabei helfen, sein Selbstvertrauen zurückzugewinnen (vgl. Abbildung 8).

Wie kann es geschehen, dass man sein Selbstvertrauen verliert? Es gibt verschiedene Möglichkeiten:

- *Durch Diebstahl.* In Konflikten sind die Protagonisten nicht nett zueinander. Sie können sich beschimpfen, persönliche Beleidigungen aussprechen oder sich herablassend verhalten. Wenn die andere Person sich nicht wehren kann, wird

---

10 *Anmerkung der Übersetzerin:* niederländischer Führungskräftetrainer und Personal Coach.

Arbeitsblatt: Selbstvertrauen		
Wie verliere ich mein Selbstvertrauen?	**Was geschieht?**	**Wie wirkt sich das auf mein Selbstvertrauen aus? (in %)**
Jemand anderes stiehlt mir mein Selbstvertrauen durch ...		
Ich verliere mein Selbstvertrauen durch ...		
Ich gebe mein Selbstvertrauen weg durch ...		
Ich bekomme mein Selbstvertrauen zurück, indem ich ...	**Was kann ich tun?**	**Wie wirkt sich das auf mein Selbstvertrauen aus? (in %)**
es mir von dem anderen wieder zurückhole dadurch, dass ich ...		
es wiederfinde.		
es wiedergewinne.		
Ich erhalte mir mein Selbstvertrauen, indem ich ...	**Was kann ich tun?**	**Wie wirkt sich das auf mein Selbstvertrauen aus? (in %)**
es verteidige.		
es nutze.		
es ausbaue.		

Abbildung 8: Schapers Theorie veranschaulicht anhand eines Arbeitsblattes

ihr ihr Selbstvertrauen Stück für Stück gestohlen. Das passiert vor allem Menschen, die nicht in ausreichendem Maß konfliktfähig sind. Sie haben das Gefühl, dass die andere Person viel gewichtiger ist als sie selbst.

- *Indem man es verliert.* Nicht konfliktfähige Menschen sehen einen Konflikt als unerwünschte Situation, der sie mit Schrecken begegnen oder vor der sie Angst haben. Durch diese Grundhaltung lassen sie ihr Selbstvertrauen zu Hause, wenn sie zum Gespräch gehen. Oder wie oft gesagt wird: „Dann hat mich mein Selbstvertrauen im Stich gelassen!“

- *Indem man es selbst weggibt.* Bei Konflikten kann es passieren, dass Zerrbilder erzeugt werden und Ihre Coachee die Kraft und die Macht der Gegenpartei überschätzt. Dadurch wird die Gegenpartei aufgeblasen und man selbst klein und wehrlos.

Wie kommt Ihr Selbstvertrauen zurück?

- *Indem Sie es sich zurückholen.* In Konflikten fühlen sich die Beteiligten oft machtlos. Sie denken, dass ihnen eine Sache widerfährt und die Gegenpartei daran Schuld hat. Damit geben sie auch einen Teil ihres Selbstvertrauens weg. Sobald sie ihren Anteil am Konflikt anerkennen (Was habe ich zur Situation beigetragen? Wie habe ich mich verhalten?), holen sie sich ihr Selbstvertrauen zurück.
- *Indem Sie es wiederfinden.* Eine Übung, die hilft, das eigene Selbstvertrauen wiederzufinden, kommt aus dem NLP. Dabei geht der Coachee in Gedanken zu einem Moment, in dem er voller Selbstvertrauen war. Der Coach hilft ihm, das Gefühl so zu intensivieren, dass er es in Momenten, in denen er es braucht, reaktivieren kann. Die Übung „Vertrauen zurückgewinnen“ und die Liste der Submodalitäten, mit denen Sie das Gefühl intensivieren können, finden Sie im Anhang auf Seite 160.
- *Indem Sie es zurückgewinnen.* In der „Win-Lose“-Phase eines Konflikts machen sich die Konfliktparteien unweigerlich ihre ganz eigenen Vorstellungen von der Situation und den Konfliktgegnern, und so kann es passieren, dass sich Ihre Coachee den Einfluss, den die Gegenpartei hat, gigantisch vorstellt. Als Coach können Sie ihr helfen, die Sicht auf die Gegenpartei wieder auf eine normales Maß zurückzubringen, indem Sie hervorheben, dass es um das Verhalten einer Person geht und nicht um die Person selbst, und indem Sie die rationalen, sachlichen Aspekte hervorheben (Was bringt es? Was geht verloren?). Außerdem werden Sie Ihre Coachee an ihre eigenen Talente und Fähigkeiten erinnern und sie dazu animieren, sich selbst respektvoll zu betrachten. Warum sollte die andere Person sich Ihrer Coachee gegenüber respektlos benehmen dürfen?

Wie können Sie Ihr Selbstvertrauen aufrechterhalten?

- *Verteidigen Sie es.* Im Grunde genommen geht es hier um Belastbarkeit in der Konfliktsituation. Für Ihren Coachee kann es sehr hilfreich sein, die Grundfähigkeiten, die für das Empfangen von Feedback formuliert wurden, zu beherrschen: Probieren, kauen, schlucken oder ausspucken. Besonders das Ausspucken ist wichtig. Schaper hat das sehr schön formuliert: „Machen Sie aus den Bewertungen, die andere von sich geben, keine Wahrheit!“
- *Nutzen Sie es.* In Konfliktsituationen benötigt Ihre Coachee ihr Selbstvertrauen. Es hilft, wenn sie es außerhalb der Konfliktsituation, so oft es geht, einübt. Selbstvertrauen heißt nicht, sich stärker bemerkbar zu machen als andere, sich arrogant zu verhalten oder die Botschaft auszusenden, man sei besser als alle

anderen. Selbstvertrauen haben heißt, sich wohlzufühlen in seiner Haut und zu akzeptieren, dass andere Menschen so sind, wie sie sind. Genauso, wie Sie sein können, wie Sie sind.
- *Stärken Sie es.* Das ist eine schwierige Aufgabe für Coachees, die sich in einem eskalierten Konflikt befinden. Dennoch bringt es etwas, genau das zu tun. Durch die bestehende Konfliktsituation wird das Selbstvertrauen Ihrer Coachees angegriffen, Stärkung ist notwendig.

4.1.3 Konfliktstile

Jeder Mensch hat seinen eigenen Stil, mit Konflikten umzugehen, der oft noch aus der Kindheit stammt. Wenn in der Ursprungsfamilie Konflikte tabu waren, wird man auch als Erwachsene nicht gern streiten. Wenn Sie sieben Brüder hatten, ist es wahrscheinlich, dass Sie gelernt haben, nicht lockerzulassen oder zusammenzuarbeiten. Jeder Stil ist für sich genommen prima, aber in manchen Situationen ist der eine Stil effektiver als der andere. Deshalb ist es für Ihre Coachees von Interesse, darüber Bescheid zu wissen, welche Konfliktstile es gibt, welchen Konfliktstil sie selbst in der Regel besitzen und wie sie mit anderen Konfliktstilen experimentieren können.

Es sind verschiedene Tests, die Auskunft über den eigenen Konfliktstil geben, im Umlauf. Hugo Prein (2007) zum Beispiel hat eine lustige Übung entwickelt, mit der man seinen eigenen Konfliktstil anhand einer Tiermetapher bestimmen kann. Welches (sprichwörtliche) Verhalten von Tieren zeigen Sie in Konfliktsituationen? Hugo Prein hat sich dazu eine ganze Menge einfallen lassen. Mehr dazu können Sie in seinem Buch (Prein, 2007) oder im Internet finden. Ich nenne hier nur einige Beispiele: Ein Straußenvogel steckt seinen Kopf in den Sand (vermeidet Konflikte). Ein Igel stellt seine Stacheln auf (Konfrontieren). Es ist im Übrigen keine gute Idee, diese Metapher-Übung in einem Workshop mit Biologinnen und Biologen anzuwenden, wie ich vor einigen Jahren entdecken musste. Einige der Biologinnen und Biologen wussten sehr genau, wie sich die Tiere bei Gefahr tatsächlich verhalten, und fanden die Metaphern nicht wirklich lustig.

Eines der bekanntesten Modelle zu Konfliktstilen ist das TKI™-Konfliktlösungsmodell, das in den siebziger Jahren des letzten Jahrhunderts von Kenneth W. Thomas und Ralph H. Kilmann (1974) entwickelt wurde. Das Modell basiert auf dem „Managerial Grid", auch „Leadership Grid" genannt, von Robert R. Blake und Jane Mouton (1964). Dabei werden die Präferenzen für unterschiedliche Stile der Konfliktbewältigung ermittelt, die in zwei Dimensionen – auf der horizontalen und der vertikalen Achse (vgl. Abbildung 9) – beschrieben werden, nämlich der Durchsetzungswille (Bestimmtheit) einer Person beziehungsweise die Bereitschaft zur Zusammenarbeit (Kooperationsbereitschaft). Ich ersetze die Begriffe Durchsetzungswille und Kooperationsbereitschaft lieber durch die Frage, „inwieweit je-

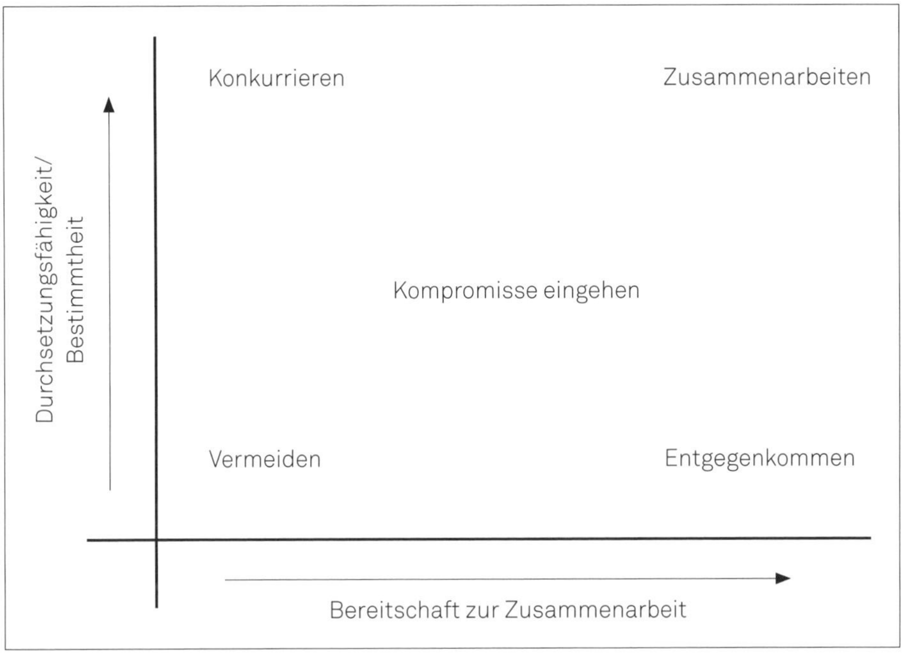

Abbildung 9: Modell der fünf Konfliktstile von Kenneth W. Thomas und Ralph H. Kilmann

mand versucht, seine eigenen Interessen zu behaupten", beziehungsweise die Frage, „inwieweit versucht wird, die Interessen anderer zu wahren".

Thomas und Kilmann unterscheiden fünf Konfliktstile:

- Konkurrieren/Durchsetzen (eigene Interessen behaupten),
- Vermeiden (weder an den eigenen noch an den Interessen anderer orientiert),
- Kompromisse eingehen (Wasser zum Wein geben);
- Entgegenkommen (der Versuch, die Interessen anderer zu wahren),
- Kooperieren (an den eigenen und den Interessen anderer orientiert).

Häufig wird geäußert, was der beste Stil sei und dass Vermeidung ungünstig sei. Jedoch lassen sich die Stile nicht hinsichtlich ihrer Güte bewerten, da sie neutral sind. Der Punkt ist, dass einzelne Stile in bestimmten Situationen effektiver sind als andere Stile. Am besten wäre es, sich alle Stile ein wenig anzueignen, weil man dann sein Verhalten an die Situation und die Interessen, die dabei eine Rolle spielen, anpassen kann.

Konkurrieren/Durchsetzen

Bei diesem Konfliktstil werden die eigenen Interessen als ausschlaggebend angesehen. Menschen, die diesen Konfliktstil haben, gehen davon aus, dass ihre Interessen und die Interessen anderer sich gegenüberstehen. Somit würde man seine

Interessen nur wahren können, wenn man sich durchsetzt und gewinnt. Die Beziehung zu anderen ist dabei nicht so wichtig. Dieser Stil hat das Potenzial zur Eskalation, kann aber in folgenden Situationen effektiv sein:

- In Notsituationen, wenn schnelles, entschiedenes Handeln erforderlich ist.
- Wenn unpopuläre Maßnahmen anstehen.
- Wenn die Existenz eines Systems auf dem Spiel steht.
- Um sich selbst vor dem Missbrauch durch andere zu schützen.

Fallbeispiel

In einem Beratungsbüro – bestehend aus zehn Beraterinnen und Beratern, einem Geschäftsführer sowie drei Büroangestellten – bricht der Umsatz plötzlich ein. Wenn sich nichts ändert, würde in einem Jahr das Aus drohen. Die Beraterinnen und Berater sind es nicht gewöhnt, neue Aufträge zu akquirieren, die aber dringend benötigt werden. Der Geschäftsführer stellt die Beraterinnen und Berater vor die Wahl: entweder sie lernen, neue Aufträge zu akquirieren, oder sie erhalten eine Kündigung. Als Messlatte soll die Anzahl der Aufträge, die die Beraterinnen und Berater innerhalb eines halben Jahres an Land ziehen, gelten. Es gibt keine weitere Analyse oder Besprechung der Lage.

Der Geschäftsführer hätte ausführliche Gespräche mit seinen Beraterinnen und Beratern führen können, aber das hätte Zeit gekostet, die er nicht hatte.

Vermeiden

Wer einen vermeidenden Konfliktstil besitzt, achtet weder auf die Qualität der Beziehung zu anderen Beteiligten noch auf die Sache, die auf dem Spiel steht. Die Person vernachlässigt ihre eigenen Interessen und Belange genauso wie die Interessen anderer Menschen, weil sie um jeden Preis den Konflikt verhindern will.

Es gibt dennoch Situationen, in denen die Vermeidung eine vorteilhafte Strategie ist:

- Wenn das Thema nicht so wichtig ist oder andere Fragen deutlich drängender sind.
- Wenn die Chance, das Ziel zu erreichen, sehr gering ist.
- Wenn eine Konfrontation mehr schadet als hilft.
- Wenn es eine Abkühlung braucht, bevor weitere Schritte unternommen werden können.
- Wenn es Zeit braucht, Dinge zu untersuchen oder fertigzubekommen.
- Wenn die anderen konfliktfähiger sind als man selbst.
- Wenn es eigentlich gar nicht um diese Sache geht, sondern um etwas Größeres, etwas Wesentlicheres.

Fallbeispiel

Frau J. hat demnächst Geburtstag und will für ihre Kolleginnen und Kollegen eine Torte backen. Seit Längerem ärgert sie sich schon über die Sekretärin, die Mitglied der Zeugen Jehovas ist und keine Geburtstage mitfeiern möchte. Gerade jetzt, da die Zusammenarbeit im Team so schlecht ist, hält sie gemeinsames Feiern für wichtig. An ihrem Geburtstag kommt Frau J. mit der Torte strahlend am Arbeitsplatz an und lädt alle zum Kaffee ein. Die Sekretärin kommt nicht. Frau J. stellt ihr einen Teller mit einem Stück Torte auf den Schreibtisch. Kurze Zeit später steht der Teller wieder auf ihrem Schreibtisch mit der Mitteilung: „Ich finde das nicht in Ordnung, dass Sie mir Ihren Geburtstag aufdrängen. Wie Sie wissen, feiere ich keine Geburtstage, und Sie negieren das einfach."

Zuerst will Frau J. scharf reagieren, überlegt es sich dann aber anders, eben weil es im Team nicht so gut läuft und weil sie die Reaktion der Sekretärin ja doch nicht ändern kann. Außerdem wird die Stimmung im Team nicht besser, wenn sie einen Streit mit der Sekretärin anfängt.

Kompromisse eingehen

Es gibt Konflikte, bei denen es sich lohnen kann, einen Kompromiss einzugehen, wie im sogenannten Polder-Modell, für das die Niederlande berühmt sind. Polder-Modell heißt, allen Parteien ist klar, dass sie nicht ihre Wunschlösung bekommen werden. Es geht auch gar nicht um die Suche nach der optimalen Lösung, sondern um die Lösung, die von den meisten Beteiligten mitgetragen wird.

Der Konsens ist somit wichtiger als die Qualität der Entscheidung. Kompromisse einzugehen, ist empfehlenswert:

- Wenn eine vorübergehende Lösung gesucht wird.
- Wenn es sich um einen nicht so wichtigen Konflikt handelt.
- Wenn eine einigermaßen gute Lösung schon ausreicht.

Fallbeispiel

In einem großen Konzern gibt es ein Budget für Innovationen. Zwei Abteilungen präsentieren innovative Ideen, allerdings reicht das Budget für die Umsetzung beider Projekte nicht aus. Die Chefs der beiden Abteilungen liefern sich eine hitzige Debatte. Beide finden die Idee ihrer jeweiligen Abteilung besonders zukunftsorientiert und förderungswürdig. Die Umsetzung der Ideen würde ein paar Jahre in Anspruch nehmen. Am Ende wird entschieden, das Budget in den kommenden Jahren auf die beiden Abteilungen aufzuteilen. Die Umsetzung der Ideen wird dann etwas länger dauern, aber beide Projekte können realisiert werden.

Entgegenkommen

Wenn man die Beziehung zu dem/den anderen Beteiligten für wichtiger hält als die eigenen Interessen, neigt man dazu, nachzugeben. Man vermeidet es, negative Gefühle auszusprechen. Dies kann dazu führen, dass man zu leicht zu viel aufgibt, vor allem, wenn man mit Menschen zu tun hat, die um jeden Preis ihren Willen durchsetzen wollen.

Entgegenkommen zahlt sich jedoch in folgenden Situationen aus:
- Wenn der andere Beteiligte tatsächlich stärker ist und seine Macht auch nutzen wird.
- Wenn man unrecht hat.
- Wenn man versucht, eine bessere Ausgangsposition zu erlangen (Kredit für später aufbauen).
- Wenn man Goodwill zeigen will.
- Wenn eine Eskalation in jeder Hinsicht negativ wäre.
- Wenn das Thema des Konflikts dem/den anderen Beteiligten deutlich wichtiger ist als einem selbst.

Fallbeispiel

Mein Onkel erzählte früher einmal, wie er als Autofahrer einen Streit mit einem anderen Autofahrer hatte, weil dieser ihn auf der Schnellstraße geschnitten hatte. Mein Onkel überholte ihn und scherte seinerseits knapp vor diesem Autofahrer ein. Und so ging das eine Weile weiter, bis mein Onkel sah, dass ein Parkplatz angekündigt war. Er gestikulierte dem anderen Autofahrer, dass er dorthin fahren sollte, um die Sache zu klären. Der nahm die Herausforderung an.

Mein Onkel, ein kräftiger Mann in guter Verfassung, stieg aus seinem Auto aus, in der vollen Überzeugung, dass er die Auseinandersetzung gewinnen werde. Der andere Autofahrer stieg auch aus. Ein Bodybuilding-Typ von sicher zwei Metern Körpergröße und hundert Kilo Muskeln sowie einem bösen Blick.

Mein Onkel ging auf ihn zu und sagte: „Hören Sie, ich wollte mich nur entschuldigen", ging zu seinem Auto und fuhr davon. Diesen Kampf hätte er auf keinen Fall gewonnen.

Kooperieren

Beim Konfliktstil „Kooperieren" sind die Aspekte „Beziehung zu den anderen Beteiligten" und „eigene Interessen" zentral. Beide Aspekte sind wichtig; man versucht, eine Win-Win-Situation herzustellen. Die Interessen aller Beteiligten sollen, so gut es geht, gewahrt bleiben. Man ist offen und flexibel und auch in der

Lage, für die eigenen Interessen einzustehen und gleichzeitig die Interessen der anderen im Blick zu haben. Man weiß, dass man abhängig voneinander ist, und glaubt an die Zusammenarbeit. Es wäre darauf zu achten, dass man nicht zu sehr auf die Kooperationsbereitschaft der anderen Partei vertraut.

Kooperieren ist in folgenden Situationen effektiv:

- Wenn alle Standpunkte zu wichtig sind, um sie mit einem Kompromiss oder mit Entgegenkommen abzutun.
- Wenn es um eine Sache von hoher Komplexität geht und ausreichend Zeit, Energie und Geld zur Verfügung stehen.
- Wenn man etwas lernen (Unterstellungen überprüfen, das Gegenüber verstehen) oder mit etwas experimentieren möchte.
- Wenn Input von verschiedenen Disziplinen wünschenswert oder notwendig ist.
- Wenn die Mitarbeit aller Beteiligten an der Durchführung der letztlich beschlossenen Lösung gebraucht wird.
- Wenn die Verarbeitung der Emotionen wichtig ist, um die Beziehung zwischen den Beteiligten gesund zu erhalten.
- Wenn alle Beteiligten motiviert sind, die Beziehung zueinander zu verbessern.

Fallbeispiel

Am Ende eines Tages stürmen zwei Stammkunden in den Laden eines Edel-Gemüsehändlers. Beide wollen eine Orange kaufen. Der Gemüsehändler hat aber nur noch eine. Die Frau bietet dem Gemüsehändler 5 Euro, was sofort vom anderen Kunden mit 10 Euro überboten wird. Die Frau bietet nun 15 Euro und sagt, sie war früher da. Der Mann bietet nun 20 Euro und sagt seinerseits, er sei früher da gewesen. Der Gemüsehändler will keinen der beiden Kunden verlieren und sagt: „Ich habe eine Lösung!“ Er halbiert die Orange und bietet jedem Kunden mit ausladender Geste eine Hälfte an. So haben beide wenigstens eine halbe Orange, und sie müssen sie nicht einmal bezahlen.

Beide lehnen enttäuscht den Kompromiss ab. Auf Nachfrage erklärt ihm die Frau, heute Abend würde sie ihren neuen Geliebten zum Essen erwarten. Dafür wollte sie ein besonderes Dessert vorbereiten, aus kandierten Orangenschalen. Der Mann erzählt von seinem kranken Sohn, der im Kehlbereich Probleme hat. Er wollte frisch gepressten Saft für ihn machen.

Jetzt können sie eine Lösung finden. Der Gemüsehändler gibt der Frau die Orangenschale und dem Mann den Rest der Frucht. Jeder bekommt, was er will.

Das Verfahren von Thomas und Kilmann (TKI™-Konfliktlösungsmodell) ist geschützt und deshalb nicht in diesem Buch zu finden. Die offizielle Version können Sie über die Webseite von Ralph Kilmann erwerben (auch deutschsprachige Versionen sind erhältlich).

4.1.4 Lernstile

Konflikte können auch entstehen, weil die Konfliktparteien völlig unterschiedliche Lernstile haben. Als Coach ist man mit dem Umstand vertraut, dass jeder Mensch auf seine eigene Art Lernstoff verarbeitet. Sehr bekannt ist in diesem Zusammenhang der Lernzirkel nach Kolb (Kolb & Fry, 1975), der sich aus vier Elementen zusammensetzt: die konkrete Erfahrung, das reflektierende Beobachten, die abstrakte Begriffsbildung und das aktive Experimentieren. Dieses Modell wurde oft kritisiert, und es fehlt ein wissenschaftlicher Beleg. Eine faszinierende Darstellung der Effektivität von Lernstilen ist in Coffield, Moseley, Hall und Ecclestone (2004) nachzulesen, die in ihrem Artikel die bekanntesten Lernstile besprechen.

Ich selbst bin sehr angetan von Howard Gardner (2001), der mit einem Modell arbeitet, das dem NLP sehr nahekommt und in dem er multiple Intelligenzen unterscheidet (vgl. Tabelle 3).

Tabelle 3: Intelligenztypen nach Howard Gardner

Intelligenztyp	Kennzeichen
Sprachliche Intelligenz	Lernt bevorzugt/gern durch Lesen, Schreiben und Sprechen
Logisch-mathematische Intelligenz	Lernt, indem sie/er selbst die Dinge erkundet und Probleme löst
Räumliche Intelligenz	Lernt durch Sehen und Beobachten
Musikalische Intelligenz	Lernt am besten, wenn sie/er dabei Musik hört
Körperlich-Kinästhetische Intelligenz	Lernt am besten, wenn sie/er sich beim Lernen bewegt
Interpersonale Intelligenz	Lernt gern gemeinsam mit einer anderen Person
Intrapersonale Intelligenz	Lernt gern durch innere Reflexion, ist emotional intelligent
Naturalistische Intelligenz	Lernt dadurch, draußen zu sein und die natürliche Umgebung zu beobachten

Sieht man sich die verschiedenen Lern- und Intelligenztypen genauer an, kann man nachvollziehen, dass sich tatsächlich Konflikte zwischen – beispielsweise – einem Menschen mit einem sprachlichen Lernstil und jemandem mit einem naturalistischen Lernstil entwickeln können. Als Coach können Sie gemeinsam mit Ihren Coachees ermitteln, welche Lern- und Intelligenztypen sie repräsentieren und welche Konsequenzen das für ihre Kommunikation hat. Machen Sie sich aber bewusst, dass auch Sie Ihren eigenen Stil haben, was bedeuten kann, dass Sie mit Ihrer Art zu sprechen Ihre Coachees eventuell nicht erreichen.

Das Gardner-System kann man auch vereinfachen, indem man die Intelligenztypen in drei Gruppen einteilt: visuell, auditiv und kinästhetisch. Visuelle Menschen kommunizieren und lernen durch die visuelle Wahrnehmung, also das Sehen, auditive durch das Hören und kinästhetische durch das Tun oder Fühlen. Jeder Mensch hat seinen bevorzugten Stil, kann sich aber auch andere Kommunikationsstile aneignen.

Visuelle Menschen verwenden visuell geprägte Sprache: „Schau doch mal! Fantastisch, was es da zu sehen gibt. Was für herrliche Farben." Auditive Menschen verwenden eine Sprache, die ihren auditiven Stil erkennbar macht: „Hörst du diese Musik? Mich macht das total kirre!" Kinästhetische Menschen drücken sich entsprechend ihrer Veranlagung aus: „Komm doch mal her. Kann ich mal den Stoff deiner Jacke fühlen?"

Wenn Ihr Coachee sich einmal darüber im Klaren ist, welcher Lernstil (und damit auch Kommunikationsstil) primär zu ihm gehört, kann er darauf achten, welchen Stil die Gegenpartei pflegt, und er kann dann versuchen, in diesem Stil zu reagieren. So berichtete ein auditiv orientierter Coachee, dass er seinem (eher visuell orientierten) Vorgesetzten auf einmal vermitteln konnte, von welchem Problem er redete, indem er eine Tabelle und eine Zeichnung anfertigte.

4.2 Alle Konfliktparteien gleichzeitig coachen

Für das Coachen von Gruppen und Teams gibt es Instrumente, die auch bei Konflikten sehr hilfreich sind. Die Konfliktparteien können oft gar nicht explizit sagen, wie der Konflikt genau zusammengesetzt ist. Besonders bei bilateralen Konflikten oder mit Konfliktparteien, die die Vorstellung haben, es gebe gar keinen Konflikt oder man würde sie in den Konflikt hineinziehen, erweist sich eine explizite Definition des Konflikts als komplex. Daher ist es sehr hilfreich, sich zunächst einmal gemeinsam mit allen Beteiligten anzusehen, wo die Probleme genau liegen.

4.2.1 Lösungsrichtungen

Fallbeispiel: Mark B.

Die Eltern von Mark B. betreiben eine Snackbar und wünschen sich für ihren Sohn ein besseres Leben. Sie machen den Rücken krumm, damit er einmal studieren kann, und er macht das auch mit viel Engagement. Er beendet sein Studium cum laude und erhält sofort mehrere Jobangebote. Er entscheidet sich für eine Traineestelle in einem Ministerium. Das erweist sich aber als Reinfall. Mark B. tut sich mit dem bürokratischen Denken schwer, mit der Distanz zwischen der Organisation und dem Kunden (in seinen Augen ist das der Bürger, seine Kollegen sehen das anders) und der intern orientierten, kompetitiven Atmosphäre. Es ist ihm schleierhaft, wieso er als ehrgeiziger Streber wahrgenommen wird, der seinen Kolleginnen und Kollegen die Position streitig machen will, und wieso er gleichzeitig in jeder erdenklichen Weise ausgebremst wird, sobald er sein Wissen in die Praxis bringen möchte. Er versucht, mit seinem Vorgesetzten darüber zu sprechen, doch der meint, er müsse sich anpassen. Mark B. ist allerdings nicht klar, woran er sich anpassen soll. Er schlittert in einen Arbeitskonflikt mit der ganzen Abteilung, in der er arbeitet. Was ist genau der Konflikt, und wie geht man am besten vor?

Arbeitskonflikte sollten zuerst aus verschiedenen Blickwinkeln betrachtet werden, bevor man sie klassifiziert und ein Vorgehen zur Konfliktbewältigung auswählt. Willem Mastenbroek (1981) stellt in seiner Dissertation ein sehr praktisches Schema vor, das in Tabelle 4 wiedergegeben ist:

Tabelle 4: Klassifizierung von Konflikten nach Mastenbroek

Konflikttyp	Vorgehen/Maßnahmen	Resultat
Sachkonflikte	Problemanalyse, effizientes Verhalten bei Besprechungen und Entscheidungsprozessen	Konfliktlösung
Psychosoziale Konflikte	Gegenseitiges Einfühlen, offene Kommunikation	Verständnis
Verteilungskonflikte	Verhandeln	Kompromiss
Machtkonflikte	Die gegenseitige Abhängigkeit strukturieren	Produktive Spannung

Sachkonflikte

Sachkonflikte sind Konflikte, bei denen es um eine Sache geht, um Geschäftliches, um Fragen der Kompetenz. Im Beispiel von Mark B. kann der Auslöser für den Konflikt darin bestehen, dass für Mark nicht klar ist, was sein Aufgabenbereich eigentlich ist, oder dass es keine klare Trennlinie zu den Aufgaben seiner Kollegen zu geben scheint. Denkbar ist auch, dass zwar alles klar auf Papier beschrieben ist, die ungeschriebenen Regeln der Organisation aber etwas anderes sagen. Am Ende steht die Tatsache, dass Mark nicht richtig funktioniert, weil er nicht über die richtige oder die relevante Information verfügt, die er bräuchte. Diese Art von Konflikten kann gemanagt werden, indem man im Gespräch Klarheit über Positionen, Aufgaben, Rollen, Zuständigkeiten und die ungeschriebenen Gesetze, die es zu berücksichtigen gilt, schafft.

Psychosoziale Konflikte

In psychosozialen Konflikten geht es um die Beziehung der Konfliktparteien untereinander. Im Beispiel von Mark B. wird deutlich, dass er mit keinem seiner Kollegen eine gute Beziehung hat. Auch sein Vorgesetzter lässt ihn abblitzen. Würden Mark und sein Vorgesetzter ein paar gute Gespräche führen und sich sagen, was sie voneinander halten, und auch etwas über ihren Hintergrund, ihre Erfahrung, ihre Wünsche und Träume offenlegen, könnten sie Verständnis füreinander entwickeln und ihre Zusammenarbeit verbessern. Wenn Mark und sein Vorgesetzter wieder ins Gespräch kommen, können sie gemeinsam mit dem Team aktiv werden, mit oder ohne Konflikt-Coach.

Gespräche nach der Methode der „Appreciative Inquiry (AI)“ nach David Cooperrider (Cooperrider & Whitney, 2000) wären hier sicher angebracht. Die Appreciative Inquiry – auch wertschätzende Befragung genannt – kennt fünf Ausgangspunkte (vgl. auch Abbildung 10):

1. *Alles, was Aufmerksamkeit bekommt, wächst.* Wer sich um seine Talente kümmert, entwickelt sie weiter. Wer seine Aufmerksamkeit auf seine Fehler lenkt, lässt die Fehler größer werden. Bei Konflikten kann man beobachten, dass die Konfliktparteien immer stärker die Gegensätze und das negative Verhalten hervorheben. Kein Wunder, dass der Konflikt wächst.
2. *Überall gibt es auch etwas, das funktioniert.* Wenn man seinen Blick dahingehend schult, auf Gemeinsamkeiten, auf Dinge, die bereits funktionieren, zu achten, wird man immer etwas finden. Auch in einem Konflikt-Coaching gibt es immer Momente der Zuversicht, zum Beispiel, wenn die Kontrahenten sich doch für ein gemeinsames Essen entscheiden, oder wenn es zu einem ersten Lachanfall kommt. So sehr die Coachees sich auch überworfen haben mögen, es gibt immer irgendwo einen Funken Gemeinsamkeit, und wenn es nur die gemeinsame Vergangenheit ist.
3. *Die Wirklichkeit erschafft man selbst.* Auch dies kann man bei Konflikten deutlich wahrnehmen. Jeder Konfliktbeteiligte hat seine eigene Realität so sehr kultiviert, dass er nicht mehr akzeptieren kann, dass es neben seiner Realität noch andere Realitäten gibt. Bei der Suche nach einer Konfliktlösung lernen die Beteiligten, ihre Wirklichkeiten neu zu definieren.
4. *Die Vergangenheit immer weiterzuspinnen, verleiht Selbstvertrauen.* Je mehr Erfolge eine Person in der Vergangenheit hatte, umso mehr Vertrauen kann sie in die Zukunft haben. Das gilt auch für Ihre Coachees. In der Vergangenheit haben sie einmal auf Stufe 0 gestanden, sonst hätten sie sich auf der Eskalationsstufe

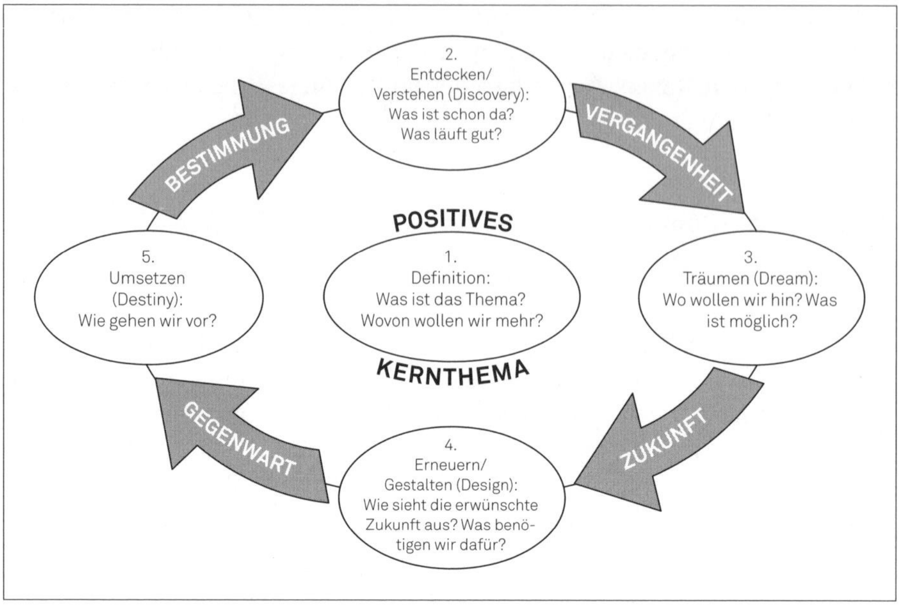

Abbildung 10: Die „5D"-Phasen in der Appreciative Inquiry (AI)

nach Glasl nicht nach unten bewegen können. Das heißt, dass sie grundsätzlich in der Lage sind, auf Stufe 0 miteinander umzugehen. Jeder Schritt, den sie von weiter unten nach oben machen, ist ein Erfolg (vgl. Abbildung 1 im Kapitel 1.4). Je mehr Erfolge sie haben, desto schneller können sie in der „Win-Win"-Phase des Konflikts ankommen. Geläutert und mit mehr geistigem Gepäck als vor der Reise.

5. *Die Art und Weise, wie untersucht wird, beeinflusst das Ergebnis.* Jede Mediatorin und jeder Mediator wird es bestätigen: Wenn man sich mit den Konfliktparteien auf die Suche nach der einen Wahrheit begibt, kommt man nirgends an. Wenn man gewillt ist, gemeinsam mit der gegnerischen Partei ein befriedigendes Resultat zu erreichen, können Wunder geschehen.

Der AI-Prozess erfolgt in fünf Schritten – die auch die „5D"-Phasen genannt werden:

- *Schritt 1: Definition.* Der AI-Prozess beginnt mit der Definition des Themas in positiven Worten. Sie sprechen dann nicht über die Dinge, die Ihre Coachees nicht haben wollen, z. B.: „Ich möchte keine Streitereien", sondern thematisieren das, was sie gern (mehr) wollen, z. B.: „Ich möchte gern effektiver zusammenarbeiten".
- *Schritt 2: Entdecken/Verstehen (Discovery).* In diesem Schritt berichten die Coachees von anderen Situationen/Beziehungen der Zusammenarbeit, die gut gelaufen sind. Das kann bei einem anderen Unternehmen gewesen sein oder mit anderen Kolleginnen und Kollegen. Es geht darum, dass sich Ihre Coachees er-

innern und erneut entdecken, was für sie eine gute Zusammenarbeit beinhaltet. Diese Punkte heben Sie dann hervor.

- *Schritt 3: Träumen (Dream).* Nachdem Ihre Coachees in Worte gefasst haben, was für sie eine gute Zusammenarbeit ausmacht, können sie auch gemeinsam besprechen, wie ihre künftige Zusammenarbeit aussehen sollte. Sie stellen sich miteinander bildhaft vor, wie das im Idealfall aussehen könnte.
- *Schritt 4: Erneuern/Gestalten (Design).* Dann kommt die Zeit für den Entwurf der Zukunft: Was wird gebraucht, um die neue Zusammenarbeit zu realisieren? Die Coachees orientieren sich an den Aspekten, die sie selbst in der Hand haben und beeinflussen können.
- *Schritt 5: Umsetzen (Destiny).* Zum Schluss erstellen die Coachees einen Plan und legen die Schritte fest, anhand derer sie die gewünschte Art der Zusammenarbeit verwirklichen wollen. Wichtig ist, das erwünschte Verhalten hier akribisch genau zu beschreiben und keine allgemeinen Begriffe wie „anständig" oder „respektvoll" zu verwenden. Sie wollen wissen, wie das erwünschte Verhalten genau aussieht, wie es klingt, wie es riecht und wie es sich anfühlt. Eine Frage können Sie dabei immer wieder stellen: „Woran kann ich dieses Verhalten erkennen?"

Die AI-Methode können Sie auch in der Arbeit mit Gruppen einsetzen.

Verteilungskonflikte

Verteilungskonflikte sind Konflikte, die sich um die Verteilung einer knappen Ressource drehen: Die Nachfrage übertrifft das Angebot.

> **Beispiel**
>
> Eine Organisation hat für das nächste Jahr ein Budget für die Automatisierung festgelegt. Drei Abteilungen benötigen dringend Ersatz für eine Software, und eine Abteilung benötigt neue Computer. Allerdings reicht das Budget nicht aus, um allen vier Abteilungen gleichzeitig zu helfen. Daher beraten sich die Führungskräfte der Abteilungen über die Verteilung der Gelder, kommen aber zu keinem Ergebnis.

Ein solcher Konflikt kann – laut Mastenbroek – durch Verhandlungen gelöst werden, die in einem Kompromiss münden. Einen Kompromiss zu schließen bedeutet, dass jeder Beteiligte Wasser zum Wein gibt, sodass am Ende alle einen Schluck des schlappen Gemischs bekommen. Ich persönlich würde immer nur mit dem Ziel verhandeln, eine Win-Win-Situation herzustellen. Wenn man die Wünsche und Bedürfnisse der Abteilungen kreativ betrachtet, könnten vielleicht doch alle das bekommen, was sie brauchen. Vielleicht könnten die Abteilungen, die eine neue Software benötigen, gemeinsam ein Software-Paket erwerben, was günstiger wäre als drei einzelne Pakete. Eventuell haben die drei Abteilungen noch übrige Computer, die sie der vierten Abteilung im Tausch gegen ihren Anteil am Budget zur Verfügung stellen könnten. Möglicherweise kann die Erneuerung der Software in Etappen durchgeführt werden, sodass die Kosten auf mehrere Jahre verteilt werden können. Wenn das Denken an den Interessen orientiert ist, können alle Wein trinken, ohne Wasser beizugeben.

Machtkonflikte

Machtkonflikte entstehen, wenn unklar ist, wer welche Zuständigkeit(en) hat. Mastenbroek ist der Meinung, diese Konflikte können am besten bewältigt werden, indem man sich die gegenseitige Abhängigkeit vor Augen führt. Eine überzeugende Erklärung eines Machtkonflikts stammt von Jan van Hooff, basierend auf seinen Studien über Primaten. In einem Video, welches über YouTube abrufbar ist (vgl. http://www.youtube.com/watch?v=IDdelQe_rCc), zeigt van Hooff, wie ein Anführer der Affengruppe seine Truppe managt und seine Position verteidigt. Dabei bedient er sich seines Charismas (er ist der größte, stärkste und schönste Affe). Allerdings reicht Charisma allein nicht aus, vor allem nicht, wenn der Anführer älter wird. Im Video werden Affen seines Gefolges gezeigt, die versuchen, ihm seine Position streitig zu machen. Diese behandelt der Anführer mit einer Mischung aus Strafe und Belohnung. Nach jeder Bestrafung versöhnt er sich wieder mit dem Affen, den er bestraft hat. Würde er das nicht tun, entstünden Rachegelüste bei dem bestraften Affen, und er würde sich noch mehr anstrengen, den Anführer vom Thron zu stoßen. So wird die gegenseitige Abhängigkeit sichtbar und strukturiert die Beziehung, wodurch eine produktive Spannung entsteht.

4.2.2 Die Farbtheorie („Five Colours of Change") von De Caluwé und Vermaak

Manchmal passen Menschen nicht zur Kultur des Unternehmens, in dem sie arbeiten. So ist es auch im vorherigen Beispiel von Mark B. zu sehen. Als Sohn eines Unternehmers tut er sich in einem bürokratischen Umfeld schwer, da seine Kolleginnen und Kollegen völlig anders denken als er. Es wirkt, als kämen sie von einem anderen Planeten. Wenn man sich lang in einer Umgebung aufhält, zu der man absolut nicht passt, kann es zu Selbstzweifeln kommen. Alle anderen wissen genau, worum es geht, aber man selbst läuft gegen die Wand. Oder wie eine Führungskraft es einmal ausdrückte: „Tja, es ist, als ob Sie nicht wüssten, wo die Tür ist. Sie laufen ständig gegen die Wand neben der Tür." Wenn man sich also schon oft metaphorisch den Kopf gestoßen hat, braucht man eine Erläuterung der Unternehmenskultur.

Die Farbtheorie von De Caluwé und Vermaak (1999) ist ein aus den Niederlanden stammendes Modell, welches Organisationskultur und -kommunikation mit den

Prinzipien von Veränderungsprozessen verknüpft. In diesem Modell werden folgende Aspekte skizziert:
a) die unterschiedlichen Welten, in die ein Change Manager geraten kann,
b) das Interventionsinstrumentarium, das der Change Manager benötigt, um die gewünschte Organisationsentwicklung anzustoßen, und
c) das Wissen, die Fertigkeiten und Eigenschaften, die erforderlich sind, um erfolgreich operieren zu können.

Auch für Ihre Coachees kann das Modell sinnvoll sein. Durch die Anwendung des Modells kann der eigene Planet, auf dem man zu Hause ist, erkundet werden. Darüber hinaus kann auch die Beschaffenheit des Planeten, auf dem man arbeitet, erforscht werden. Daraus kann abgeleitet werden, wie man – vorausgesetzt, dies ist gewünscht – sich an den Arbeitsplaneten anpassen kann.

Da die Farbtheorie mehrere farbige Planeten definiert, die bestimmten Unternehmenskulturen bzw. Prinzipien von Veränderung entsprechen, trägt sie ihren Namen. Die verschiedenen Planeten werden wie folgt beschrieben:

- *Der gelbe Planet ist der Planet der Politik.* Ziel ist es, dafür zu sorgen, dass die Beteiligten übergeordnete Interesse anstreben und verfolgen. Auf diesem Planeten geht es mehr um Bekanntschaften, um Vernetzung als um Wissen. Wachsende Einsicht gilt als Errungenschaft, und Dinge können erst dann als gesichert betrachtet werden, wenn sie auf Papier festgehalten sind und von den entsprechenden Funktionären autorisiert wurden. Die zeitliche Begrenzung spielt eine wichtige Rolle: Morgen kann schon wieder alles anders sein. Angst ist die Triebfeder, die die Menschen in Bewegung versetzt. Auf diesem Planeten denkt man in den Kategorien „Gewinnen“ und „Verlieren“. Eine gute Lösung ist die machbare Lösung, zu der sich so viele Parteien wie möglich bekennen.
- *Der blaue Planet ist der Planet des Projektmanagements.* Das Ideal des blauen Planeten sieht vor, dass alles machbar und beherrschbar ist und anhand einer genauen Planung umgesetzt werden kann. Daher ist alles messbar und planbar, und mit dem Umfang des inhaltlichen Wissens wächst auf dem blauen Planeten die Autorität. Eine gute Lösung ist die Lösung, die auf den besten inhaltlichen Argumenten beruht. Deshalb stellt Konkurrenz die Triebfeder dar, die die Menschen in Bewegung bringt. Auch auf diesem Planeten wird in den Kategorien „Gewinnen“ und „Verlieren“ gedacht.
- *Der rote Planet ist der Planet des Potenzial-Managements.* Das Ideal besteht darin, die richtige Passung zwischen Menschen und Instrumentarien, Unternehmenszielen und individuellen Zielen zu finden. Zugleich geht es darum, Menschen in der richtigen Art und Weise zu motivieren und herauszufordern. Auf diesem Planeten geht es um das Wohlbefinden der Menschen. Eine gute Lösung steht nicht im Vordergrund, stattdessen geht es um eine gute Stimmung. Inspiration ist die Triebfeder, die die Menschen in Bewegung bringt. Dieser Planet denkt nicht in den Kategorien „Gewinnen“ und „Verlieren“.

- *Auf dem grünen Planeten gilt die lernende Organisation als Ideal.* Alle lernen aus Erfahrung. Eine Organisation wächst, weil die einzelnen Mitarbeiter wachsen. Die Denker vom grünen Planeten bestimmen dabei auch, was gelernt wird und wie gelernt wird. Die Triebfeder ist die Sicherheit, denn nur in einer sicheren Umgebung kann man wachsen. Dieser Planet denkt nicht in der Kategorie „Verlieren“, denn aus allem, was man erlebt, kann man etwas lernen, d. h., man erzielt immer einen Gewinn.
- *Der weiße Planet ist der Planet des Unternehmertums, maximale interne Sicherheit ermöglicht den Umgang mit maximaler externer Unsicherheit.* Das Ideal ist die spontane Entwicklung. Veränderung und Entwicklung sind immer vorhanden, Menschen ändern sich jedoch nicht, indem man sie dazu drängt. Die Kunst besteht darin, alles, was man erlebt, als Geschenk zu sehen. Auf diesem Planeten sind Konflikte wertvoll, denn sie sorgen dafür, dass die Dinge klar und deutlich werden. Auch hier wird nicht in den Kategorien „Gewinnen“ und „Verlieren“ gedacht.

4.3 Abschließende Bemerkungen

In diesem Kapitel habe ich mich in erster Linie mit Theorien beschäftigt, die einen Konflikt „normalisieren“, indem sie ihn zu einem Prozess machen, der zur Phase, in der man sich befindet, oder zur Situation, in der man arbeitet, passt. Oft habe ich es erlebt, dass dieses Normalisieren der Situation für viele Coachees eine Erleichterung darstellt, weil ihnen dann bewusst wird, dass ihre Situation lösbar ist. Das Normalisieren hilft auch beim Finden einer Erklärung für das Zustandekommen der Situation, ohne in Schuldzuweisungen oder Rechthaberei zu verfallen oder die Ereignisse immer wieder durchzukauen. Ein objektiver Maßstab ist hilfreich. Wo es möglich war, finden Sie Hilfestellungen, um die praktische Anwendung der Theorie zu erleichtern. Sie können die Instrumente im Übrigen flexibel anwenden. Es geht vor allem darum, dass sich Ihre Coachees mit der gewählten Strategie wohlfühlen und sie für sich nutzen können, um konfliktfähiger zu werden.

In einem wahren Dialog sind beide Seiten bereit, sich zu verändern – Ein Gespräch mit Monique Steenvoorden

1. *Wie stehen Sie persönlich zu Konflikten?*

Ich bin mit der Vorstellung aufgewachsen, dass alle mich nett finden müssen. Als ich anfing, Psychologie zu studieren, hat sich mein Verhalten geändert. Dabei ging ich mehr auf Konfrontation, und das hat so manchen Konflikt ausgelöst. Die Menschen in meinem Umfeld mussten sich an mein neues Verhalten erst gewöhnen. Andererseits habe ich mich damit klar positioniert. Ich habe die Menschen in meinem Umfeld somit eingeladen, auch ihre Meinung klar zu vertreten. Der Satz „In einem wahren Dialog sind beide Seiten bereit, sich zu verändern", stammt von Thich Nhat Hanh und inspiriert mich sehr.

2. *Was halten Sie von Konflikt-Coaching?*

Konflikt-Coaching kann sehr nützlich sein, wenn die Parteien in festgefahrenen Haltungen verharren. In diesem Zusammenhang finde ich die Aussage von Anselm Grün sehr zutreffend, wonach es kein Misslingen ohne Möglichkeit des Neubeginns gibt und keinen Stillstand ohne die Möglichkeit, die Dinge neu anzupacken.

3. *Was braucht ein Coach Ihrer Meinung nach, um Konflikte coachen zu können?*

Ein Coach muss seine Neutralität wahren und über den Parteien stehen können. Darüber hinaus muss er fähig sein, den Konfliktparteien neue Blickwinkel anzubieten. Mit anderen Worten muss er eingefahrene Muster oder Haltungen durchbrechen können. Dabei darf der Coach nie selbst Teil des Konflikts werden! „If you do not change direction, you may end up where you are heading."[11] Dieser Satz stammt von Lao Tse.

4. *Was möchten Sie außerdem den Leserinnen und Lesern zu diesem Thema sagen?*

Ich möchte sehr gern drei Aspekte hervorheben. Erstens: Als sensibler Coach muss ich während eines Konflikt-Coachings besonders gut unterscheiden: was ist meins und was ist von den anderen. Zweitens: Die Zunahme der Nutzung sozialer Medien, von WhatsApp, SMS und von E-Mails beschert uns einen anderen Konflikttyp, der aufgrund der fehlenden persönlichen Interaktion schnell eskaliert. Und drittens und letztens: Durch offene Grenzen entsteht mehr Kontakt zu anderen Kulturen, wodurch auch wieder andere Arten von Konflikten entstehen.

Monique Steenvoorden ist Psychotherapeutin und Coach bei Koru Life Coaching, www.korulifecoaching.nl. Sie ist Autorin des Buches: Het onzichtbare zien! [Das Unsichtbare sehen!]

---

11 In Deutsch bedeutet dies sinngemäß, dass ein Nicht-Ändern der Richtung dazu führen kann, dass man dort ankommt, wo es einen hintreibt.

5 Die konfliktwürdige Organisation

Was erwartet mich in diesem Kapitel?

In Organisationen kommt es häufig zu Konflikten, mit denen aber nicht angemessen umgegangen wird. Mehrere Faktoren bedingen dies. So können Mitarbeiterinnen und Mitarbeiter, die nicht konfliktfähig sind, eine Rolle spielen. Aber auch unklare Organisationsstrukturen, zu viel oder zu wenig betriebliche Bürokratie und interne Umbrüche tragen zur Entstehung und Eskalation von Konflikten bei. Je mehr Konflikte in einer Organisation am Laufen sind, umso verwundbarer wird sie. Die Aufmerksamkeit richtet sich dann auf die internen Probleme, während die Chancen für Innovation, Kontinuität und Wachstum vertan werden. Soweit die rationalen Überlegungen, warum die Konfliktresistenz für Unternehmen erstrebenswert ist.

Noch wichtiger erscheint es mir allerdings, die Menschen in einer Organisation in den Blick zu nehmen und zu beleuchten, welche Auswirkungen ein ausgewachsener Konflikt auf alle Beteiligten hat. Wer in einen solchen Konflikt verwickelt wurde und nie gelernt hat, mit Konflikten umzugehen, kann ein Leben lang mit den Folgen zu kämpfen haben. Das betrifft sehr viele Menschen, denn Konfliktfähigkeit ist selten in einem Anforderungsprofil zu finden. Aus diesem Grund setze ich mich seit der Gründung meiner eigenen Firma für die konfliktwürdige Organisation ein. Diese zeichnet sich durch die folgenden Punkte aus:

- Alle Mitarbeiterinnen und Mitarbeiter sind ausreichend konfliktfähig und imstande, ihre Konflikte dafür zu nutzen, ihre (Arbeits-)Beziehungen zu stärken und die Abläufe und/oder Ergebnisse zu verbessern. In den vorhergehenden Kapiteln haben Sie schon viel darüber erfahren.
- Die Führungskräfte sind in der Lage, Konflikte als Chance zur Verbesserung zu begreifen anstatt als unerwünschte Situation, die schnellstmöglich aus der Welt geschaffen werden soll. Diese Sichtweise ist noch sehr selten in Organisationen anzutreffen.

Im Grunde genommen geht es um die Dreiteilung Konfliktfreundlichkeit, Konfliktfähigkeit und Konfliktwürdigkeit. In diesem Kapitel finden Sie eine kurze Ausarbeitung dieser Punkte.

5.1 Konfliktfreundlichkeit

Unsere persönliche Einstellung zu Konflikten ist ausschlaggebend dafür, wie wir mit ihnen umgehen. In Kapitel 3.4 ging es um hinderliche und nützliche Überzeugungen von Coaches und Coachees. Auch auf der Ebene der Organisation ist wahrnehmbar, wie über Konflikte gedacht wird und wie dies sich auf den Umgang mit Konflikten innerhalb der Organisation auswirkt.

Um konfliktwürdig zu sein, müsste eine Organisation zuerst eine geeignete Art und Weise entwickeln, mit bestehenden Konflikten umzugehen. Das setzt voraus, dass es eine bestimmte Haltung in der Organisation zum Umgang mit Konflikten gibt. Um eine solche zu entwickeln, ist möglicherweise ein größerer Prozess mit viel Aufwand erforderlich: zunächst erfolgt die Festsetzung einer bestimmten Haltung, dann wird die Umsetzung geplant und ausgeführt, schließlich die Konfliktfähigkeit in das Kompetenzportfolio des Unternehmens aufgenommen und noch vieles mehr. Einfacher ist es, sich schlicht konfliktfreundlich zu verhalten.

Die konfliktfreundliche Organisation nach Thomas Fiutak

Thomas Fiutak[12] hat sich das Konfliktverhalten in Organisationen zum Forschungsgegenstand gemacht. Er hat herausgefunden, dass viele Organisationen eine wenig effektive Handhabung von Konflikten zeigen. In den von ihm untersuchten Organisationen wurden Konflikte negiert, wodurch sie sich ins Unermessliche steigern konnten; es wurde nicht auf Interessen geachtet, sondern auf Positionen und Rechtmäßigkeit. Das ökonomische Interesse der Unternehmen hatte einen deutlich höheren Stellenwert als die Interessen der Mitarbeiterinnen und Mitarbeiter und Ähnliches. Fiutak definiert sieben Kennzeichen einer konfliktfreundlichen Organisation[13]:

- *Kennzeichen 1:* Ein Konflikt ist ein natürliches Geschehen, das überall, wo Menschen miteinander interagieren, (auch) stattfindet. Selbstverständlich gibt es daher auch Konflikte in Organisationen. Diese werden genutzt, um bessere Resultate zu generieren. In einer konfliktunfreundlichen Organisation werden Konflikte als unnormale Situationen wahrgenommen, die schnellstmöglich beseitigt werden müssen oder zumindest nicht in Erscheinung treten dürfen.
- *Kennzeichen 2:* Führungskräfte konfliktfreundlicher Organisationen können Konflikte dafür nutzen, die guten Beziehungen aufrechtzuerhalten. In konfliktunfreundlichen Organisationen gilt es, Konflikte sofort zu lösen. Je weniger Konflikte, umso besser, denn ein Konflikt wird hier mit einer Störung der Beziehungen gleichgesetzt.

12 *Anmerkung der Übersetzerin:* US-amerikanischer Mediations-Experte.

13 Vgl. https://tli.umn.edu/faculty/thomas-fiutak-edd.

- *Kennzeichen 3:* In konfliktfreundlichen Organisationen werden Konflikte gelöst, indem der Prozess analysiert wird und verschiedene Lösungsoptionen gegeneinander abgewogen werden. Dabei existiert keine festgelegte Vorschrift, wie mit Konflikten umzugehen ist. In konfliktunfreundlichen Organisationen werden Konflikte durch die Anwendung von Regeln gelöst, und es wird stets davon ausgegangen, dass es eine einzige richtige Lösung gibt.
- *Kennzeichen 4:* In konfliktfreundlichen Organisationen sind die Lösungen zukunftsorientiert. In konfliktunfreundlichen Organisationen wird auf die Ursache und die bedingenden Faktoren des Konflikts geachtet. Zudem werden Präzedenzfälle gesucht, die zur Klärung der heutigen Situation beitragen können. Ein Abweichen von der bewährten Unternehmenspolitik ist nicht erlaubt.
- *Kennzeichen 5:* In konfliktfreundlichen Organisationen spielt es keine Rolle, welche Funktion oder Position die Konfliktparteien haben. Schließlich geht es um Interessen und Belange, nicht um die Hierarchie. Dementgegen wird in konfliktunfreundlichen Organisationen die Funktion oder Position der Konfliktparteien durchaus berücksichtigt. Dadurch wird zur Ungleichheit in der Machtverteilung beigetragen.
- *Kennzeichen 6:* In konfliktfreundlichen Organisationen wird Raum für austauschende Gespräche der Konfliktparteien geschaffen. Dadurch soll letztlich der Konflikt in vollem Umfang gelöst werden. In konfliktunfreundlichen Organisationen werden Konflikte gelöst, indem man die Konfliktparteien trennt, zum Beispiel, indem jemand vom Dienst enthoben wird oder in den Krankenstand geschickt wird oder in eine andere Abteilung versetzt wird.
- *Kennzeichen 7:* In konfliktfreundlichen Organisationen werden Konflikte als Lernmomente genutzt, als Stärkung der Beziehung, als Grundlage für die künftige Zusammenarbeit. In konfliktunfreundlichen Organisationen liegt der Fokus auf der schnellen Lösung des Konflikts, wodurch Gewinner und Verlierer entstehen.

Mit anderen Worten: In einer konfliktfreundlichen Organisation gehören Konflikte zum normalen Umgang der Menschen dazu. Im Anhang auf Seite 163 finden Sie den Bewertungsbogen „Kennzeichen einer konfliktfreundlichen Organisation“, mit dem Coachees selbst einschätzen können, wie konfliktfreundlich ihre Organisation ist.

Man kann sich vorstellen, dass es keine leichte Aufgabe ist, eine ganze Organisation in Bezug auf Konfliktfreundlichkeit zu schulen. Dennoch sollte man von den Verantwortlichen in einer Organisation erwarten dürfen, dass sie positive Impulse in diese Richtung geben. Konflikte in Organisationen kosten sehr viel Geld und Zeit, lassen die Arbeitszufriedenheit einer ganzen Abteilung auf „Null“ sinken, treiben die Krankschreibungen in die Höhe, und vor allem schaden sie Menschen.

Eine Organisation, in der immer alles Friede, Freude, Eierkuchen ist, wäre ein unnatürliches Phänomen, in dem die Menschen sich gezwungen fühlen, immer den Frieden zu wahren. Das heißt, sie würden andere, die sich auf unerwünschte Art und Weise verhalten, nicht zur Rede stellen, es gäbe keine gegenseitige Korrektur, und sie würden in Angst vor den Vorgesetzten leben. Eine menschenunwürdige Arbeitssituation.

Wenn eine Organisation konfliktwürdig sein möchte, genügt es nicht, nur danach zu streben, die sieben Kennzeichen nach Thomas Fiutak zu erfüllen, sondern es müssen auch die Mitarbeiterinnen und Mitarbeiter in ausreichendem Maß konfliktfähig sein. Ebenso müssen die leitenden Angestellten in der Lage sein, Konflikte der Mitarbeiterinnen und Mitarbeiter zu begleiten oder, falls sie es selbst nicht können, jemanden von außen hinzuziehen.

5.2 Konfliktfähigkeit

In Kapitel 4.1.1 wurde bereits über die Kompetenz Konfliktfähigkeit gesprochen. Kurz gesagt, handelt es sich um das Verhalten, das eine Person in die Lage versetzt, ihre Konflikte so zu managen, dass sie zu lehrreichen und gewinnbringenden Prozessen werden. Das verlangt von den Führungskräften eine andere Form der Mitarbeiterbegleitung. Sie müssen den Konflikten genug Zeit lassen, damit diese Früchte tragen können, und sie müssen dem Lernprozess Raum geben, damit gelernt werden kann, was es zu lernen gilt.

Was jede Führungskraft wissen und können sollte

Im Jahr 2003 habe ich den Masterstudiengang Konfliktmanagement an der Universität von Maastricht absolviert. Eine großartige Ausbildung, die mir zu meiner bisherigen, eher intuitiven, aber durchaus effektiven Arbeitsweise bei Konflikten den theoretischen Unterbau lieferte. Im Rahmen meiner Abschlussarbeit, die sich mit der Mediationsfähigkeit von Führungskräften beschäftigte, führte ich eine Studie zur Frage, welche Kompetenzen die Topmanager bei den staatlichen Behörden als notwendig erachteten, um Konflikte in der Organisation richtig zu handhaben, durch. Diese Forschungsarbeit war wegen der überwältigenden Mitarbeit in dieser Gruppe eine besondere Erfahrung. Ich habe etwa neunhundert Erhebungsbögen verschickt und bekam beinahe zweihundert Reaktionen. Eine Mehrheit der Personen, die den Erhebungsbogen beantwortete, war auch bereit für ein Interview. Aufgrund des zeitlichen Rahmens der Studie konnte ich nur ca. achtzig Interviews führen und habe mich für einen möglichst breiten Querschnitt durch Ministerien, Funktionsebenen und regionale Niederlassungen entschieden.

Die Studie ist inzwischen mehr als zehn Jahre alt, wenn ich aber meinen Kolleginnen und Kollegen und meinem Umfeld glauben darf, sind die Ergebnisse immer noch gültig und nicht nur innerhalb staatlicher Behörden.

Hier einige relevante Schlussfolgerungen:

- Konflikte auf der ersten Eskalationsstufe wurden von den Befragten nicht als Konflikte eingestuft, sondern als normaler, zwischenmenschlicher Umgang. Ein Konflikt begann für sie erst in der „Win-Win"- oder der „Win-Lose"-Phase, und dann war es schon schwierig, den Konflikt noch in den Griff zu bekommen. Dadurch verpassten sie den Moment, an dem sie ihre Mitarbeiterinnen und Mitarbeiter noch effektiv hätten coachen können. Aus diesem Ergebnis kann man ein Lernziel für Führungskräfte formulieren: Es braucht mehr Wissen über Konflikttheorien, insbesondere über die Erscheinungsformen und den Eskalationsprozess.
- Die Befragten waren in der Mehrheit der Meinung, dass erst dann von einem Konflikt gesprochen werden kann, wenn Emotionen im Spiel sind (ab Stufe 4 im Eskalationsprozess). Diese Art von Konflikten fanden sie im Allgemeinen schwierig, und sie waren der Meinung, dass diese zu viel Zeit und Energie kosteten. Am liebsten würden sie diese Konflikte so schnell wie möglich lösen oder vermeiden. Auch aus diesem Ergebnis leitet sich ein Lernziel ab: Es braucht mehr Wissen über Konflikteskalation und auch über die Handhabung von mäßig eskalierten Konflikten.
- Die Interviewpartnerinnen und Interviewpartner identifizierten bei sich selbst andere Emotionen, wenn sie selbst in einen Konflikt verwickelt waren, als bei ihren Mitarbeiterinnen und Mitarbeitern. Bei anderen Menschen identifizierten sie nicht die Gefühle der Ohnmacht, der Ungerechtigkeit, das Gefühl, unfair behandelt worden zu sein, und das Gefühl des Zweifels. Bei sich selbst konnten sie diese Gefühle hingegen identifizieren. Offenbar sind Führungskräfte nicht in der Lage, Gefühle bei anderen Menschen zu erkennen. Möglicherweise können sie deshalb nicht die richtigen Interventionen durchführen. Das führt uns zu folgendem Lernziel: Wie kann man Emotionen bei anderen Menschen erkennen, und wie geht man mit diesen Emotionen um?
- Nahezu alle Befragten erklärten, sie würden sich stark für die Prävention von Konflikten machen. Sie versuchten, so viele Vorsorge-Maßnahmen wie möglich zu ergreifen, damit Konflikte gar nicht erst aufkommen. Dies setzen sie praktisch um, indem sie ein Beschwerdemanagement betreiben, Protokolle führen und Ähnliches mehr. Die Frage ist, ob solche Papiertiger genügend präventive Wirkung erzielen, wenn oft schon ein richtiger Anreiz genügt, um das erwünschte Verhalten zu bekommen (vgl. Kapitel 5.3). Daraus ergibt sich das Lernziel: Wie kann ich als Führungskraft die Konfliktfähigkeit in meinem Zuständigkeitsbereich der Organisation verbessern?
- Die bestehenden Konflikte anzugehen, werteten die Befragten in erster Linie als gutes Management. Einen Konflikt anzugehen, bedeutet für sie: den Kon-

flikt bei den Konfliktparteien zu lassen. Sollte ein Beamter seinen Vorgesetzten umgehen und sich direkt an dessen Vorgesetzten wenden, wird er zurückgewiesen. Nur wie können Konfliktparteien ihren Konflikt noch selbst lösen, wenn sie bereits in Phase 2 oder 3 der Konflikteskalation nach Glasl stecken? Gerade dann benötigen sie eine unabhängige dritte Person, die ihnen helfen kann, die Sache wieder in die Spur zu bekommen. Daraus ergibt sich folgender Lernauftrag: Wie begleite ich einen Konflikt meiner Mitarbeiterinnen und Mitarbeiter?

- Alle Befragten waren sich darin einig, dass die Vorgaben der Politik und die starke Hierarchie in den Ministerien eine flexible Handhabung von Konflikten erschwerten. Wenn eine Mitarbeiterin einen Konflikt mit einer Vorgesetzten hat, ist die Wahrscheinlichkeit hoch, dass die Mitarbeiterin daraufhin eine andere Funktion erhält oder ihres Amtes enthoben wird. Konflikte, die den politischen Auftrag des Ministers betreffen, sind von vornherein entschieden. Das führt zu folgendem Lernziel: Wie kann ich als Führungskraft in einer so starren Organisation dafür sorgen, dass meine Mitarbeiterinnen und Mitarbeiter sich trotzdem als konfliktfähige Menschen verhalten können?

Falls Sie einmal mit einer Führungskraft zu tun bekommen, die gern gecoacht werden möchte und nach der besten Herangehensweise für ihre Abteilung oder ihren Verantwortungsbereich sucht, könnte es durchaus sein, dass das eine oder andere Lernziel in der vorangehenden Auflistung zu finden ist. Es kann nicht schaden, dies einmal kurz zu prüfen.

5.3 Konfliktwürdigkeit

Wenn ein Unternehmen noch nicht konfliktwürdig ist, es aber gern werden möchte, braucht es eine deutliche Verhaltensänderung auf allen Ebenen. Äußerst effektive Maßnahmen, um das erwünschte Verhalten zu erwirken, kommen aus dem Fachgebiet des *Organizational Behavior Management*.

Management by Kanarienvogel

Die Überschrift dieses Abschnitts habe ich aus der Dissertation meines Doktorvaters Marius Rietdijk (2009) übernommen. Er erklärt darin, wie es ihm innerhalb von 20 Minuten gelang, wie durch Zauberhand aus einem lustlosen, kranken Kanarienvogel ein fröhlich herumflatterndes Tier zu machen. Psychologinnen und Psychologen werden sicherlich dahinter die Theorien von Ivan Pavlov, Burrhus F. Skinner und Aubrey Daniels, den Begründern des *Behavior Managements,* vermuten.

Rietdijk (2009) nutzte die „ABC-Analyse“, um Teams und Organisationen darin zu unterstützen, erwünschtes Verhalten anzuregen. Seit 2009 verwende auch ich im Konflikt-Coaching und in der Mediation diese Methode, um den Coachees zu helfen, die von ihnen gewünschte Verhaltensänderung sichtbar zu machen. Das ist sehr wichtig in Situationen, bei denen die Coachees mehr oder weniger zu ihren üblichen Verhaltensweisen zurückgekehrt sind, in denen aber noch regelmäßig Misstrauen aufscheint. Mit dieser übersichtlichen Methode können sich die Coachees gegenseitig zeigen, welche Fortschritte sie im Umgang miteinander gemacht haben. Sollte sich jemand dem Vorgehen entziehen, können Sie im Gespräch klären, was der Grund dafür sein könnte. Wenn sich alle an die Vereinbarungen halten, belohnen sie sich gegenseitig und damit jede und jeder Einzelne sich selbst.

A wie Antezedens (Auslöser)

Ein Auslöser (Situation) ist ein Verhaltenstrigger. Wenn Ihr Handy klingelt, fiept oder vibriert, schauen Sie auf den Bildschirm. Wenn eine Wespe auf Ihrer Nase landet, schlagen Sie um sich, oder Sie verharren ganz still. Wie auch immer Sie reagieren, Sie reagieren auf den Trigger.

Bei Konflikten ist es so, dass die Kontrahenten das Verhalten des jeweils anderen sehr stark als Trigger empfinden: „Er will nicht reden, na bitte, dann rede ich auch nicht.“ „Sie will Krieg, okay, kann sie haben.“ Sogar dann, wenn der Kontrahent gar nicht mit dem Konflikt beschäftigt ist, kann etwas, was er tut, dennoch als Angriff gewertet werden. Das ist einer der Gründe, weshalb es im Rahmen der Konfliktlösung nicht sinnvoll ist, zu fragen, warum die Konfliktparteien sich so verhalten haben, wie sie es getan haben. Sie erzählen dann, was ihr Verhalten ausgelöst hat (Trigger), und formulieren das oft als Beschuldigung in Richtung der anderen Person(en). Das bietet nur neuen Nährboden für die Eskalation des Konflikts.

In Organisationen wird oft davon ausgegangen, dass erwünschtes Verhalten durch den richtigen Auslöser herbeigeführt werden kann. Deshalb werden oft Maßnahmen angestoßen, die insgesamt an der Situation ausgerichtet sind, bevor das (unerwünschte) Verhalten gezeigt wurde. Der dahinter liegende Gedanke ist, dass das erwünschte Verhalten damit hervorgerufen werden kann. Im Grunde genommen belohnt man aber so unerwünschtes Verhalten mit Aufmerksamkeit, mit Schulungsmaßnahmen oder mit Boni. Derjenige, der schon vorher erwünschtes Verhalten gezeigt hat, geht leer aus.

Interessant zu wissen ist, dass – wie Studien belegen – die stärkste Verhaltensbeeinflussung direkt nach dem entsprechenden Verhalten beobachtet wird. Wer nach dem Aufessen seiner Mahlzeit eine Nachspeise aussuchen darf, wird wahrscheinlich immer seinen Teller leer essen, auch wenn die Hauptmahlzeit einmal misslungen ist. Eine Organisation sollte vorzugsweise das erwünschte Verhalten genau definieren und anschließend belohnen. Man kann auch verabreden, wie oft und auf welche Weise das Verhalten belohnt werden soll.

B wie Behavior (Verhalten)

Verhalten ist nach außen sichtbar und kann konkret beschrieben werden. Lieber nicht so: „Er verhält sich arrogant" oder – schlimmer – „Er ist arrogant", sondern: „Er sitzt aufrecht da, mit hochgerecktem Kinn. Sein Mund ist ein gerader Strich. Dann sieht er mich durch halbgeschlossene Augen an und sagt: ‚Na, dann erzähl mal, Kleine.'"

In Konfliktsituationen neigen Coachees dazu, das Verhalten ihrer Kontrahenten in allgemeinen Begriffen zu beschreiben: er lügt, sie ist unzuverlässig, er hört nicht zu. Das ist jedoch kein präzise wahrgenommenes Verhalten, sondern eine Meinung oder eine Interpretation. Coachees fällt es im Allgemeinen schwer, das Verhalten, das sie stört, ganz konkret zu beschreiben, obwohl es für die Gegenpartei sehr hilfreich sein kann, zu hören, wie sie wahrgenommen wird.

Eine Übung, die diesbezüglich sehr gut funktioniert, finden Sie im Anhang auf Seite 164 („Arbeitsblatt: Verhalten erkennen und beschreiben"). Dort wird ein Arbeitsblatt mit zehn Verhaltensweisen, die bei Konflikten oft als äußerst störend empfunden werden, bereitgestellt. Bei jedem Verhalten, das ausgewählt wird, kann notiert werden, wie dieses sich bei der entsprechenden Person äußert, wie die Körperhaltung ist usw. Ich bitte meine Coachees dann, dieses Arbeitsblatt auszufüllen. Anschließend bitte ich die Coachees, sich gegenseitig zu sagen, welches Verhalten sie bei der jeweils anderen Person wahrgenommen haben, wie es genau aussah, wie es klang. Zuerst soll sich die eine Konfliktpartei äußern, dann die andere. Vielen Menschen geht dabei dann ein Licht auf.

Fallbeispiel: Frau L. und Frau J.

Frau L. und ihre Kollegin Frau J. arbeiten gemeinsam in einem Sekretariat. Die Zusammenarbeit läuft seit Längerem spröde. Frau L. wirft Frau J. vor, sie würde lügen und sich unfair verhalten. Frau J. fühlt sich durch Frau L. ausgegrenzt.

Nachdem beide das „Arbeitsblatt: Verhalten erkennen und beschreiben" ausgefüllt haben, dürfen sie sich abwechselnd sagen, welches Verhalten der jeweils anderen sie so sehr stört. Frau L. möchte gern anfangen. Sie nennt als Beispiel eine Situation, in der sie Frau J. darum bat, ihr eine bestimmte Aufgabe näher zu erklären: „Dann haben Sie einfach das Gesicht weggedreht und mich gar nicht mehr angesehen. Sie haben sich auf die Lippe gebissen. In dem Moment wusste ich einfach, die lügt jetzt."

Während sie diese Situation schildert, dreht Frau J. ihr Gesicht weg und beißt sich auf die Lippe. Auf meine Frage, was jetzt gerade geschieht, sagt sie scharf: „Ich kann mich so darüber aufregen, dass sie mich wieder zur Rechenschaft zieht, wegen Sachen, die sie nichts angehen. Aber ich will keinen Streit, deswegen schaue ich weg. Und ich beiße mir auf die Lippen, damit es nicht doch aus mir herausbricht!"

Frau L. ist fassungslos. Die Fassungslosigkeit nimmt noch zu, als Frau J. an der Reihe ist, zu schildern, was sie am Verhalten der Kollegin stört: „In neun von zehn Fällen negiert sie mich einfach. Sie geht an mir vorbei, sagt keinen Ton, so als wäre ich gar nicht da!" Sie nennt noch ein paar Situationen, in denen Frau L. sie negiert hat. Dann erklärt diese: „Ich bin auf meinem rechten Auge fast blind. Wenn Sie rechts von mir sitzen, sehe ich das nicht. Das weiß hier doch jeder?"

Jetzt ist Frau J. erstaunt.

Nur das Verhalten als solches zu benennen, reicht nicht aus, es muss detailliert erläutert werden, um klar herauszuarbeiten, worum es geht.

C wie Consequences (Konsequenzen)

Verhalten hat Konsequenzen. Die Konsequenzen können positiv oder negativ ausfallen, unmittelbar oder zu einem späteren Zeitpunkt erfolgen, regelmäßig oder unregelmäßig erfolgen. Wenn eine Person ihren Finger in die Fritteuse steckt, um zu prüfen, ob das Öl schon heiß ist und das Öl bereits 180 Grad erreicht hat, dann ist die Konsequenz negativ (Schmerz), sie erfolgt unmittelbar (die Blasen sind schon da, bevor Sie den Finger zurückziehen können) und tritt regelmäßig in dieser Form auf (immer, wenn Sie den Finger in 180 Grad heißes Öl stecken, wird es wehtun).

Wir wissen heute, dass man durch positive Belohnung, die unmittelbar nach dem gewünschten Verhalten erfolgt, dieses verstärken und am dauerhaftesten hervorrufen kann. Am stabilsten ist die Verhaltensänderung dann, wenn die positive Belohnung nicht immer automatisch erfolgt und es unklar ist, wie oft die Belohnung erfolgen wird (intermittierende Verstärkung). Dieser Mechanismus ist auch dafür verantwortlich, dass Glücksspiele so süchtig machen: Die Belohnung erscheint positiv (Sie gewinnen den Jackpot), die Belohnung erfolgt unmittelbar (der Automat fängt an zu rattern), aber es ist unklar, wie oft es den Jackpot geben wird. Also spielt man weiter und nimmt auch die negative Belohnung (Ihr Geld verschwindet im Spielautomaten) in Kauf.

Fallbeispiel: Herr S.

Herr S. ist seit vielen Jahren als Anwalt in einer großen Kanzlei tätig. Mit seinem Vorgesetzten, Herrn D., versteht er sich nicht immer gut. Dieser wirft Herrn S. vor, er würde nicht genügend Mandanten akquirieren und die Junganwälte zu wenig unterstützen. Herr S. ist der Meinung, seine Aufgabe sei es, Fälle zu bearbeiten, und das mache er sehr gut. Er hat von allen Anwältinnen und Anwälten die meisten Bürostunden vorzuweisen. Nur in letzter Zeit waren es etwas weniger Stunden, weil es weniger Fälle gab. Seine Vorstellung ist, dass Herr D. und andere dafür sorgen sollen, dass mehr Mandate an Land gezogen werden. Außerdem kann Herr S. nicht akquirieren. Es ist einfach nicht seine Sache. Er holt zwar gelegentlich ein Mandat herein, aber das geschieht meist von selbst durch Mund-zu-Mund-Propaganda.

Herr D. erklärt Herrn S. im Beurteilungsgespräch erneut, er müsse mehr akquirieren, schließlich täten das die anderen Anwälte auch. Herr S. lehnt ab und weigert sich außerdem, den schriftlichen Bericht zum Beurteilungsgespräch zu unterzeichnen. Herr D. weist ihn darauf hin, dass er zurückgestuft wird, falls er nächstes Jahr nicht mindestens zehn Fälle akquirieren sollte. Herr S. ärgert sich massiv über diese Drohung und überlegt, vor Gericht zu ziehen. Er kontaktiert einen früheren Studienkollegen, der ihm zusagt, behilflich sein zu wollen.

Herr D. wertet das als Angriff auf die Kanzlei und er suspendiert Herrn S. mit der Begründung, er übe einen destruktiven Einfluss auf die Kanzlei aus, er verweigere die Arbeit und das, obwohl er am meisten von allen Anwältinnen und Anwälten verdiene. Das müsse sich ändern.

Anhand des Gesprächsauszugs kann man gut nachvollziehen, dass Herr S. seit Jahren für die Bearbeitung von Mandantenakten belohnt wird. Er bekam die meisten Fälle auf den Tisch. Wenn er einmal ein neues Mandat selbst eingebracht hat, wurde er dafür nicht belohnt. Er hat also sein Talent dafür genutzt, das zu tun, wofür er belohnt wurde: Das Bearbeiten von Fällen. Die Führungsebene hat ein Problem und möchte dieses gern auf Herrn S. abwälzen. Er soll mehr Aufgaben übernehmen. Ob er sich überhaupt für die Übernahme dieser Aufgaben eignet, wird nicht geprüft. Hinzu kommt, dass die Führungskraft mit Drohungen und Strafen arbeitet, um die erwünschte Verhaltensänderung zu erzwingen, anstatt mit Belohnung, was viel effektiver wäre.

Ihre Coachees dürften sich mit unerwarteten Konsequenzen auskennen, weil Konfliktparteien in Konfliktsituationen anders aufeinander reagieren, als sie das in normalen Gesprächen tun. Wenn Sie die Coachees zuerst einzeln gesprochen haben und dann gemeinsam mit allen reden, kann es Ihnen so vorkommen, als würden sie mit völlig anderen Menschen am Tisch sitzen. Die Reaktionen einzelner Coachees auf andere können heftig sein, und schon allein das ebnet einer Eskalation den Weg, selbst wenn die einzelnen Personen das gar nicht beabsichtigen.

Das ist der Moment, an dem ich meistens eine Erklärung über die Eskalationsstufen einfüge, damit allen Beteiligten klar wird, dass ihre Interaktion vom Konflikt beeinflusst ist. Die Coachees können dann auch besser verstehen, warum manche Handlungen oder Aussagen derart heftige Reaktionen hervorrufen. Wir sehen uns dann einige Vorfälle, die es in sich hatten, genauer an und besprechen gemeinsam, warum dies so gelaufen ist. Es geht nicht um Schuld oder Rechthaben, sondern wir suchen Antworten auf ein paar Fragen: Was ist genau geschehen? Wie interpretieren Sie das Geschehene? Wie hätte der andere in Ihren Augen besser reagieren können?

Dann ist der Schritt hin zum erwünschten Verhalten schon nicht mehr so groß. Dafür kann auch der zweite Teil im „Arbeitsblatt: Verhalten erkennen und beschreiben“ (vgl. Anhang, S. 164) genutzt werden, in dem zehn Arten erwünschten Verhaltens aufgelistet sind. Natürlich können sich Ihre Coachees auch dafür entscheiden, selbst das erwünschte Verhalten zu benennen. Es geht schlicht darum, dass sie das Beschreiben von erwünschtem Verhalten üben.

Wie funktionieren Belohnungen?

Es gibt vier Möglichkeiten, erwünschtes Verhalten zu fördern:
1. Durch Belohnung,
2. durch Zwang,
3. durch Strafe,
4. durch Ignorieren.

Belohnung und Zwang führen dazu, ein bestimmtes Verhalten zu fördern, wohingegen Strafe und Ignorieren dafür geeignet sind, ein bestimmtes Verhalten abzubauen. Belohnung erhöht die intrinsische Motivation (etwas wollen), Zwang führt zur extrinsischen Motivation (etwas müssen). Wenn sie belohnt werden, engagieren sich Menschen so gut sie können für die Sache, wird jedoch etwas erzwungen, dauert die Verhaltensanpassung lediglich solange, wie der Zwang besteht. Unter Konfliktparteien ist es für die Beziehung nicht förderlich, wenn sie einander bestrafen oder ignorieren. Zwang kann in den meisten Fällen aufgrund ihrer Position nur eine Führungskraft ausüben, und dabei bleibt noch die Frage bestehen, ob eine erzwungene Verhaltensänderung überhaupt funktionieren wird. Deshalb empfehle ich, erwünschtes Verhalten mithilfe von Belohnung zu fördern.

Studien zeigen, dass materielle Belohnungen nicht immer zielführend sind (Harlow, 1953). Der US-amerikanische Psychologe und Verhaltensforscher Harry Harlow wollte die Lernfähigkeit von Affen untersuchen und gab ihnen dazu Puzzle-Spiele. Zu seiner Überraschung spielten die Tiere auch dann weiter, wenn sie keine

Belohnung mehr dafür erhielten. Sie schienen Spaß daran zu haben, die Puzzleteile zusammenzufügen, auseinanderzubauen und zu versuchen, sie an anderen Stellen unterzubringen. Das Spiel an sich und die Freude, die sie empfanden, wenn sie ein Puzzle zusammenstellen konnten, waren bereits Belohnung genug. Die Forscher überlegten, ob die Affen ihre Leistung noch verbessern würden, wenn sie als Belohnung Futter bekämen. Das war nicht der Fall, sie erledigten die Aufgabe sogar weniger gut, als sie dafür belohnt wurden. Der Spaß war verschwunden, das Spiel war zur Arbeit geworden. Zu beachten ist, dass die Tiere normal gefüttert wurden. Die Rosinen, die sie als Belohnung erhielten, waren ein Bonus.

Später konnten diese Effekte auch in Untersuchungen mit Menschen bestätigt werden. Aus Studien geht hervor, dass die intrinsische Motivation auch bei Menschen abnahm, sobald sie einen Bonus für ihre Arbeit oder ihre Leistung bekamen. Begründet wird das Ergebnis damit, dass womöglich eine Sache, die extra vergütet wird, nichts Schönes sein kann. Das gilt allerdings nicht für niedrigqualifizierte Arbeiten und für routinemäßige Arbeiten. Hier funktionieren finanzielle Boni durchaus.

Erwünschtes Verhalten fördern

Sie verfügen nun über die Grundkenntnisse, die es braucht, um Schritte der Verhaltensänderung à la Rietdijk (2009) anzubahnen. Das Vorgehen erfolgt in sechs Schritten:

1. Spezifizieren: Wie sieht das angestrebte Ergebnis aus, und welches Verhalten ist geeignet, das Ziel zu erreichen?
2. Baseline-Messung: Wo stehen wir jetzt?
3. ABC-Analyse.
4. Feedback.
5. Ziele definieren, aber legen Sie die Messlatte anfangs nicht zu hoch.
6. Belohnung: Loben Sie jeden Fortschritt in Richtung des erwünschten Verhaltens und entwickeln Sie eine angemessene Belohnungsstruktur nach den Vorschlägen von Rietdijk.

Ich selbst arbeite auch mit diesem 6-Schritte-Plan, passe ihn aber an die jeweilige Konfliktsituation an:

1. *Spezifizieren.* Im zweiten Teil des „Arbeitsblattes: Verhalten erkennen und beschreiben“ (vgl. Anhang, S. 164) haben Ihre Coachees spezifiziert, wie für sie das erwünschte Verhalten aussieht. Nun wählt jede Person ein Verhalten aus, mit dem sie in den nächsten sechs Wochen üben und experimentieren wird. Dabei sollen die Coachees einander in den nächsten Wochen unterstützen.
2. *Baseline-Messung: Wo stehen wir jetzt?* Im ersten Teil des „Arbeitsblattes: Verhalten erkennen und beschreiben“ (vgl. Anhang, S. 164) haben Ihre Coachees notiert, welches unerwünschte Verhalten sie wahrgenommen haben. Lassen Sie sie nun aufschreiben, welche der unerwünschten Verhaltensweisen durch die erwünschten Verhaltensweisen aus Schritt 1 ersetzt werden sollen.

3. *ABC-Analyse.* Aus welchem Grund haben sich Ihre Coachees in der bisherigen Art und Weise verhalten? Ihre Coachees beschreiben ihr Verhalten und die damit verbundenen Konsequenzen. Oft zeigt sich dann, dass die Konsequenzen für sie selbst gar nicht so negativ waren wie für die Gegenpartei. Deshalb haben sie auch dieses Verhalten weiterhin gezeigt.

Beispiel: Frau E. und Frau M.

Frau E. und Frau M. haben an ihrem Arbeitsplatz eine Auseinandersetzung miteinander, weil Frau E. – nach dem Dafürhalten von Frau M. – immer zu lange Mittagspause macht. Frau E. wendet ein, dass Frau M. sehr oft mit ihrem Freund während der Arbeitszeit am Skypen ist. Abbildung 11 zeigt die ABC-Analyse von Frau E. und Abbildung 12 die ABC-Analyse von Frau M.

Situation/ Auslöser	Verhalten	Konsequenzen	Positiv/negativ, Unmittelbar/später Regelmäßig/ unregelmäßig
Frau E. arbeitet Vollzeit.	In der Mittagspause geht sie einkaufen.	Sie hat abends Essen zu Hause.	Positiv, unmittelbar und regelmäßig.
Frau E. liebt Shopping.	In der Mittagspause geht sie shoppen.	Sie kann immer den Schlussverkauf nutzen.	Positiv, unmittelbar, regelmäßig.
Frau E. pflegt ihre kranke Mutter.	Sie schaut bei ihrer kranken Mutter vorbei.	Sie kann sehen, wie es ihrer Mutter geht.	Positiv, unmittelbar, regelmäßig.
Sitzungen beginnen immer mit der Besprechung der Aufzeichnungen der letzten Sitzung, also einer Art Wiederholung der letzten Sitzung.	Wenn Frau E. nach 14.00 Uhr aus der Pause zurück ist, haben alle Sitzungen bereits begonnen.	Sie spart sich die Besprechung der vorherigen Sitzung.	Positiv, unmittelbar, regelmäßig.
Frau M. legt Wert auf Formalitäten und ist sehr autoritätsgläubig.	Frau E. muss lachen, weil sie Frau M. damit auf die Palme bringt.	1. Frau M. ärgert sich. 2. Der Streit mit Frau M. eskaliert. 3. Die Atmosphäre in der Abteilung wird schlechter. 4. Der Vorgesetzte schaltet sich ein.	1. Regelmäßig und unmittelbar. 2. Regelmäßig und unmittelbar. 3. Unregelmäßig und später. 4. Unregelmäßig und später.

Abbildung 11: Die ABC-Analyse von Frau E.

Situation/ Auslöser	Verhalten	Konsequenzen	Positiv/negativ, Unmittelbar/später Regelmäßig/ unregelmäßig
Der Freund von Frau M. hält sich aktuell in Indonesien auf, die Zeitverschiebung beträgt 10 Stunden.	Frau M. ruft ihn morgens an, dann ist er am besten zu erreichen.	Sie kann mit ihrem Freund Kontakt halten.	Positiv, unmittelbar, regelmäßig.
Frau M. vermisst ihren Freund.	Sie ruft ihren Freund an.	Sie fühlt sich besser.	Positiv, unmittelbar, regelmäßig.
Morgens ist es in der Arbeit oft sehr ruhig. Frau M. langweilt sich dann.	Sie telefoniert, wenn es in der Abteilung ruhig ist.	Sie langweilt sich während der ruhigen Stunden am Morgen nicht.	Positiv, unmittelbar, regelmäßig.
Sie sorgt für Irritation bei Frau E.	Sie genießt es, wenn sie Frau E. ärgern kann.	1. Frau E. ärgert sich. 2. Der Streit mit Frau E. eskaliert. 3. Die Atmosphäre in der Abteilung wird schlechter. 4. Der Vorgesetzte schaltet sich ein.	1. Regelmäßig und unmittelbar. 2. Regelmäßig und unmittelbar. 3. Unregelmäßig und später. 4. Unregelmäßig und später.

Abbildung 12: Die ABC-Analyse von Frau M.

Frau E. und Frau M. vergleichen ihre ABC-Analysen und kommen zu zwei Erkenntnissen. Sie verstehen jetzt, warum die jeweils andere sich so verhalten hat, wie sie es eben getan hat. Und ihnen wird bewusst, dass sie beide wenig Grund haben, ihr Verhalten zu ändern, abgesehen von der Tatsache, dass sie sich deshalb streiten, und abgesehen von der Gefahr, dass ihr Vorgesetzter sich einmischt. Nun können sie sich dafür entscheiden, (a) sich anders zu verhalten oder (b) miteinander auszuhandeln, wie sie die Vorteile des Status quo jeweils für sich nutzen können. Das heißt, sie werden über ihre Interessen verhandeln und nicht über ihre Standpunkte.

Wenn die ABC-Analysen ergeben, dass das Verhalten eines Coachees dem anderen Coachee viele Nachteile einbringt, lasse ich die Coachees zusätzlich eine ABC-Analyse über erwünschtes, künftiges Verhalten machen. Sie formulieren dann, welche Voraussetzungen (Auslöser) es braucht, um das erwünschte Verhalten zu ermöglichen und welche Konsequenzen sie für sich und für die gegnerische Partei erwarten, wenn sie einmal ihr Verhalten dahingehend geändert haben. Das bedeutet, sie richten ihre Aufmerksamkeit auf die Zukunft statt auf die Vergangenheit und verhindern so, dass sie in den Konflikt zurückfallen. Das künftige (erwünschte)

Situation/ Datum und Ort	Unerwünsch- tes Verhalten	Wie oft?	Erwünschtes Verhalten	Wie oft?
1				
2				
3				

Abbildung 13: Vorlage „Arbeitsblatt: Auf dem Weg zum erwünschten Verhalten"

Verhalten wird sechs Wochen lang eingeübt. Jede Person füllt dazu eine Tabelle aus, die in Anlehnung an Abbildung 13 (Arbeitsblatt: Auf dem Weg zum erwünschten Verhalten) gestaltet werden kann. Hier werden drei Situationen vermerkt, in denen auf das Verhalten geachtet werden soll. Die Verhaltensbeobachtung kann zum Beispiel während einer Arbeitsbesprechung erfolgen oder immer mittwochs zwischen 9.00 und 10.00 Uhr. Es sollen Situationen ausgewählt werden, in denen die Coachees zusammenarbeiten. Sie sollen dann das bisherige (unerwünschte) Verhalten und das neue (erwünschte) Verhalten beschreiben.

Da das unerwünschte Verhalten in der Tabelle vermerkt wird und die Häufigkeit des Auftretens durch Striche gekennzeichnet wird, können Sie als Coach verhindern, dass Ihre Coachees in alte Meinungen oder Mutmaßungen zurückfallen oder sich auf „Aber ja!/Aber nein!"-Gefechte einlassen, wenn sich die Zusammenarbeit nicht bessert. Stattdessen kann ganz einfach zusammengezählt werden, wie oft das unerwünschte Verhalten in der jeweiligen Situation vorgekommen ist. Wenn diese Zahl dann mit der Häufigkeit des Auftretens des erwünschten Verhaltens verglichen wird, können die Coachees ablesen, wie häufig sie dieses schon zeigen.

4. *Feedback.* Ziel ist, dass die Coachees in den sechs Übungswochen das unerwünschte Verhalten so selten wie möglich zeigen und das erwünschte Verhalten so oft wie möglich. Nach drei Wochen – oder wenn die Coachees meinen, der Streit würde wieder aufflammen – erfolgt eine Evaluation. Dabei könnte sich nun auch herausstellen, dass es nicht möglich ist, das als erwünscht definierte Verhalten umzusetzen.

Fallbeispiel: Frau J. und Herr M.

Frau J. und Herr M. haben nach einem intensiven Konflikt-Coaching vereinbart, künftig jeden Freitagabend miteinander zu telefonieren und zu besprechen, wie die Woche gelaufen ist und ob es Komplikationen gab. Nach drei Wochen zeigt sich, dass diese Vereinbarung nicht funktioniert. Frau J. hatte eine Woche frei, und Herr M. musste wegen eines komplexen Auftrags auch am Wochenende arbeiten. Als die Vereinbarung getroffen wurde, gingen beide von der bisherigen Situation aus, als sie noch jeden Freitagabend auf ein Bier weggegangen sind. Inzwischen hat sich aber ihr Privatleben komplett verändert, und am Arbeitsplatz herrscht deutlich mehr Hektik. Sie vereinbaren, sich künftig jeden Montag zum gemeinsamen Mittagessen zu treffen. Der Montag ist für beide ein regulärer Arbeitstag, und sie würden sowieso essen gehen, egal, wie stressig es gerade ist.

5. *Ziele definieren.* Diesen Schritt haben die Coachees bereits erledigt, als sie das „Arbeitsblatt: Auf dem Weg zum erwünschten Verhalten“ sechs Wochen lang ausgefüllt haben.
6. *Belohnung.* Ich rege meine Coachees dazu an, selbst die Belohnung zu formulieren, die sie gern dafür hätten, wenn sie sich so verhalten, wie es gewünscht wird. Manche Coachees halten das für blanken Unsinn, sie sind schon froh, wenn wieder alles einigermaßen glatt läuft, andere Coachees freuen sich darauf, gemeinsam etwas trinken zu gehen oder sich mit einem besonderen Essen zu verwöhnen. Ich schlage immer vor, dass sie alle Unterlagen, die mit ihrem Konflikt zu tun haben, in einer gemeinsamen Aktion zerreißen, schreddern, einem Freudenfeuer übergeben oder ein anderes, selbst gewähltes Ritual durchführen, welches das Ende des Konflikts markiert. Auch das ist eine Belohnung.

Natürlich wird dieser wunderbare 6-Schritte-Plan nicht von allen Coachees in allen Details umgesetzt. Manchen ist der Aufwand zu groß, andere schaffen es nicht, durchzuhalten. Manchmal passen wir die Ziele zwischenzeitlich an.

Für die Stärkung der Konfliktfähigkeit Ihrer Coachees empfiehlt es sich aber durchaus, den gesamten Plan umzusetzen, auch wenn oft schon die ersten Schritte Klarheit und Deutlichkeit in die Sache bringen. Das Einüben neuer Verhaltensweisen kostet Zeit und Energie, und es besteht immer die Gefahr eines Rückfalls. Und wer könnte einem schon besser dabei helfen, gute Vorsätze zu verwirklichen, als der- bzw. diejenige oder diejenigen, die am meisten unter dem alten Verhalten gelitten haben?

5.4 Abschließende Bemerkungen

Dieses Kapitel ist der konfliktwürdigen Organisation gewidmet, der Organisation, in der konfliktfähige Menschen arbeiten, die wissen, dass ein Konflikt ein wertvolles Geschenk ist. Sie beherrschen es, auf den ersten Stufen der Konflikteskalation zu tanzen und damit bessere und buntere Ergebnisse zu generieren. Dabei ist ihnen bewusst, dass dieser Tanz das Risiko der Eskalation in sich trägt. Deshalb liegt bei ihnen der Fokus auf den Fähigkeiten der Selbstbeherrschung sowie der Reflexion und dem Verständnis der Eskalations- und Deeskalationsprozesse.

Die Führungskräfte in einer solchen Organisation sind in der Lage, Mitarbeiterinnen und Mitarbeiter dahingehend zu coachen, ihre Konfliktkompetenz zu steigern. Gleichzeitig belohnen sie ihre Mitarbeiterinnen und Mitarbeiter auf effektive Art und Weise, sodass diese motiviert sind, das konfliktfähige Verhalten auf Dauer zu kultivieren. Sie sind außerdem in der Lage, wenn es notwendig ist, einen Konflikt eskalieren zu lassen. All das bringt ein Unternehmen hervor, in dem Konflikte genutzt werden, um die Qualität der Produkte oder Dienstleistungen zu verbessern, die Beziehungen zu stärken und die Mitarbeiterinnen und Mitarbeiter zufriedene Menschen sein zu lassen.

Wo Emotionen sind, coache ich gern – ein Gespräch mit Sandor Penninga

1. Wie stehen Sie persönlich zu Konflikten?

Es kommt darauf an, wie man den Begriff Konflikt definiert, aber ganz davon abgesehen mag ich persönlich Streit und Konflikte nicht. Vielleicht hat das mit meinem asiatischen Hintergrund zu tun, oder eventuell mit meiner nordholländischen Erziehung. Meine Eltern lösten ihre Konflikte, indem sie einfach einen Tag verschwanden (meistens mein Vater, wenn er verärgert war) und dann zur Familie zurückkehrten und so taten, als sei nichts gewesen. Es wurde dann nie mehr ein Wort darüber gesprochen. Es kommt also nicht von ungefähr, dass ich gern Vermeidungsverhalten an den Tag lege und Harmonie mir wichtig ist. Als ich mich in eine sehr offene und extravertierte Frau verliebte, hat sie mir beigebracht, zu streiten. Sie ging buchstäblich und im übertragenen Sinn so lange auf mich ein, bis ich reagierte. Als Trainer und Coach habe ich auch viel über Streitigkeiten, Interessensunterschiede und vermeintliche Konflikte gelernt, die Teil der Gruppendynamik sind und zu Entwicklungsphasen von Teams dazugehören, in denen Meinungsunterschiede, Streitereien und Konflikte für die gewünschte Entwicklung und die gewünschten Ergebnisse notwendig sind. Ich kann heute mehr Spannung und Emotionen aushalten und die Verantwortung dafür bei den beteiligten Parteien lassen.

2. Was halten Sie von Konflikt-Coaching?

Das Wort Konflikt löst oft starke und negative Assoziationen aus. In Organisationen oder Teams werden ausgeprägte Emotionen oft schon als drohender Konflikt eingestuft. Das sagt viel über die soziale Kompetenz und die emotionale Intelligenz in einer Organisation aus. Wo Emotionen sind, coache ich gern. Es geht dann meist um einen warmen Konflikt, oder anders gesagt: Wo Emotionen sind, sind „gefühlte Interessen" im Spiel. Wenn nun ausschließlich über die Inhalte, das Geschäftliche oder die Aufgaben gesprochen wird, werden die emotionalen Belange und Fragen nicht geklärt. In der Praxis geht es dann oft darum, als unbeteiligte, externe Partei dafür zu sorgen, dass die Beteiligten einander besser zuhören, sich besser kennen- und verstehen lernen und erkennen lernen, um welche (persönlichen und/oder geschäftlichen) Interessen es tatsächlich geht. Ich mache dann also etwas, was ich von Haus aus nicht gelernt habe: darauf hinsteuern, dass Menschen lernen, in aller Offenheit und mit entsprechender Aufmerksamkeit Dinge auszusprechen, Fragen zu stellen und zuzuhören, damit ein gegenseitiges Verständnis wachsen kann und darüber eine Verbindung entsteht. Das bedeutet nicht, dass alle dieselbe Meinung vertreten müssen. Meiner Meinung nach gibt es in diesem Bereich noch viel zu gewinnen: Wenn es einmal gelingt, dafür zu sorgen, dass alle Beteiligten lernen, einander besser zu sehen, zu hören und zu verstehen, liegt der Vorteil zum einen in einer offenen Atmosphäre, in der sie dann leben und/oder arbeiten, und in besseren Entwicklungen (Lernprozessen) sowie Ergebnissen und nicht zuletzt auch darin, dass Spannungen und Frustrationen nicht zum offenen Konflikt eskalieren müssen. Ich finde allerdings auch, aus dieser Perspektive heraus betrachtet, dass viele Führungskräfte und Teams ihre Probleme erst spät erkennen und annehmen und auch spät (externe) Hilfe hinzuziehen. Viele Informationen, Meinungen, Auffassungen und Gefühle sind dann bereits „in den Hintergrund" gewandert und bestimmen als unterschwellige Gefühle das wahrnehmbare Verhalten (Kommunikation/Interaktion) im Arbeitsumfeld. Die in der Gruppen- und Teamentwicklung übliche (zweite) Phase (M2 nach Lingsma) wird in Organisationen oft noch mit Konflikten verwechselt und auch deswegen schlecht gemanagt.

3. *Was braucht ein Coach Ihrer Meinung nach, um Konflikte coachen zu können?*

Ein Bewusstsein dafür, wie er selbst zu Konflikten steht, was seine persönlichen Neigungen bei Konflikten (wenn es also wirklich spannend wird) sind. Er muss die Verantwortung bei den Beteiligten lassen. Für den Coach ist es sehr wichtig, sich frei zwischen den Parteien bewegen zu können, ohne selbst Partei zu ergreifen und selbst involviert zu sein. Wenn wir unter Druck stehen und uns etwas berührt, neigen wir dazu, selbst einzugreifen (zu kämpfen oder zu fliehen) oder zu verstummen. Diese persönlichen Neigungen muss der Konflikt-Coach professionell handhaben und/oder einbringen. Wenn das gelingt, kann man den Prozess meistens komplett auf eine Weise begleiten, die für alle Beteiligten in Ordnung ist. Wenn dies nicht mehr gelingt, hat der Konflikt-Coach für die Konfliktparteien keinen Mehrwert mehr. Das stellt für mich in der Position externer Coach auch die kritische Grenze dafür dar, ob ich der Sache gewachsen bin, also ob ich mit dem Konflikt umgehen kann. Man kann letztlich ein Team oder mehrere Konfliktparteien nicht darüber hinaus coachen, wo man als Coach selbst steht.

4. *Was möchten Sie außerdem den Leserinnen und Lesern zu diesem Thema sagen?*

Die ursprüngliche Bedeutung des Worts Konflikt lautet ungefähr: die Grenzen aufsuchen oder die Grenzen anderer ausloten, kurz, es geht um etwas, das in jeder schönen Begegnung zwischen Menschen geschieht. An der Grenze kann auf beiden Seiten etwas Wesentliches, Wertvolles und Persönliches ausgetauscht werden, und genau das ist es, worum es im Kontakt, in der Verbindung geht und was die Voraussetzung für eine stimmige Zusammenarbeit ist. Vielleicht ist so der Spruch: „Ohne Reibung kein Glanz!" entstanden.

Sandor Penninga ist Senior Team- und Organisationscoach bei Van Harte & Lingsma und bei Park2Move, seinem eigenen Büro. Er coacht immer dann gerne, wenn es im zwischenmenschlichen Umgang spannend wird.

Schlussbemerkung

In diesem Buch habe ich meine Erfahrung aus der Berufspraxis der letzten fünfzehn Jahre gebündelt, um Sie, die Leserinnen und Leser, an dem Wissen teilhaben zu lassen, welches man hauptsächlich in der Praxis gewinnt. Ich hätte gern noch mehr praktische Ansätze besprochen, wie zum Beispiel die gewaltfreie Kommunikation oder NLP, aber dafür gibt es glücklicherweise zahlreiche andere Bücher. Im Literaturverzeichnis finden Sie Angaben zu den Büchern, deren Aussagen sich auch in meinem Buch wiederfinden.

Dieses Buch enthält Informationen zu zahlreichen Theorien, Methoden und Instrumenten, die ich in meiner Arbeit mit Gewinn einsetze. Sie haben sicherlich Ihr eigenes Repertoire an Methoden und Hilfsmitteln oder arbeiten vielleicht nach völlig anderen Prinzipien. Das ist gut so, denn es bedeutet, dass unsere Coachees die Wahl haben, aus einem reichen Angebot an Methoden, nach denen wir Coaches arbeiten, das für sie Passende zu finden.

Der rote Faden in meiner Arbeit war schon immer, dass ich das Leben genieße und jeden Moment, den ich nicht genieße, als Zeitverschwendung empfinde. Eskalierte Konflikte sind für mich der Gipfel der Verschwendung, weil ein eskalierter Konflikt bedeutet, dass viele Menschen unaufmerksam waren: die Konfliktparteien, ihre Kolleginnen und Kollegen, die Führungskräfte, die Partnerinnen und Partner, Verwandte, Freundinnen und Freunde sowie andere Kontakte. Deshalb versuche ich, Menschen dabei zu helfen, ihre Konfliktfähigkeit weiterzuentwickeln, Coaches und Führungskräfte in Sachen Konflikt-Coaching zu unterstützen und Top-Managern das Konzept der konfliktwürdigen Organisation ans Herz zu legen.

Ich hoffe sehr, dass Sie Freude an diesem Buch haben und dass es Sie bei Ihrer Arbeit als Konflikt-Coach oder als Führungskraft begleiten und unterstützen darf.

Francine ten Hoedt

Literatur

Zitierte Literatur

Blake, R. & Mouton, J. (1964). *The managerial grid. The key to leadership excellence*. Houston, TX: Gulf Publishing.

Böszörményi-Nagy, I. & Krasner, B. (1994). *Tussen geven en nemen. Over contextuele therapie*. Haarlem, NL: De Toorts. [engl. Ausgabe: Böszörményi-Nagy, I. & Krasner, B. (2014). Between Give and Take. A Clinical Guide to Contextual Therapy. Abingdon, UK: Routledge.]

Bush, R. A. B. & Folger, P. (1994). *The promise of mediation*. San Francisco, CA: Jossey-Bass. [dt. Ausgabe: Bush, R. A. B. & Folger, P. (2009). Konflikt – Mediation und Transformation. Weinheim: Wiley-VCH Verlag.]

Brenninkmeijer, A. F. M., van Oyen, K. & Bonenkamp, D. (2009). *Handboek mediation* [Handbuch Mediation]. Den Haag, NL: Sdu.

Caluwé, L. de & Vermaak, J. (1999). *Leren veranderen. Een handboek voor de veranderkundige* [Lernen, sich zu verändern. Ein Handbuch für den Veränderungsexperten]. Alphen aan den Rijn, NL: Samsom.

Cialdini, R. (2017). *Die Psychologie des Überzeugens: Wie Sie sich selbst und Ihren Mitmenschen auf die Schliche kommen* (8. Aufl.). Göttingen: Hogrefe. https://doi.org/10.1024/85720-000

Coffield, F., Moseley, D., Hall, E. & Ecclestone, K. (2004). *Learning Styles and Pedagogy in Post-16 Learning. A systematic and critical review.* London: Learning and Skills Research Center.

Cooperrider, D. L. & Whitney, D. (2000). A positive revolution in change: Appreciative inquiry. In D. L. Cooperrider, P. F. Sorensen, D. Whitney & T. F. Yaeger (Eds.), *Appreciative inquiry: Rethinking human organization toward a positive theory of change* (pp. 3–28). Champaign, IL: Stipes.

Derks, L. & Hollander, J. (2000). *Essenties van NLP. Dat wat alles verandert* [Essenzen des NLP. Das, was alles verändert]. Utrecht, NL: Servire.

Dongen, H. J. van, Laat, W. A. M. de & Maas, A. J. J. A. (1996). *Een kwestie van verschil. Conflicthantering en onderhandeling in een configuratieve integratietheorie* [Eine Frage des Unterschieds. Konfliktmanagement und Verhandlung in einer konfigurativen Integrationstheorie]. Delft, NL: Eburon.

Dreu, C. de (2008). *Bang voor conflict? De psychologie van conflicten in organisaties* [Angst vor Konflikten? Die Psychologie von Konflikten in Organisationen]. Assen, NL: Van Gorcum.

Dreu, C. K. W. de & Vliert, E. van de (Eds.) (1997). *Using conflict in organizations*. London: Sage.

Fisher, R., Ury, W. & Patton, B. (2007). *Excellent onderhandelen. Een praktische gids voor het best mogelijke resultaat in iedere onderhandeling*. Amsterdam: Business Contact. [dt. Ausgabe: Fisher, R., Ury, W. & Patton, B. (2009). Das Harvard-Konzept. Sachgerecht verhandeln – erfolgreich verhandeln. Frankfurt a. M.: Campus.]

Frijda, N. H. (2005). *De emoties* [Die Emotionen]. Amsterdam, NL: Bert Bakker.

Gardner, H. (2001). *Soorten intelligentie. Meervoudige intelligenties voor de 21ste eeuw* [Arten von Intelligenz. Multiple Intelligenzen für das 21. Jahrhundert]. Amsterdam, NL: Nieuwezijds.

Glasl, F. (1997). *Konfliktmanagement: Ein Handbuch für Führungskräfte, Beraterinnen und Berater.* Stuttgart: Freies Geistesleben.

Glasl, F. (2001). *Help! Conflicten. Heb ik een conflict, of heeft het conflict mij?* [Konflikte. Habe ich einen Konflikt, oder hat der Konflikt mich?]. Zeist, NL: Christofoor.

Glasl, F. (2008). *Konflikt, Krise, Katharsis: und die Verwandlung des Doppelgängers.* Stuttgart: Verlag Freies Geistesleben.

Harlow, H.F. (1953). Motivation as a factor in the acquisition of new responses. In M.R. Jones (Eds.), *Current theory and research in motivation: A symposium* (pp. 24–49). Lincoln, NE: University of Nebraska Press.

Hoedt, F.J.N. ten (2013a). *Ruzie mag! Lessen uit de praktijk van conflictbemiddeling* [Sie können sich streiten! Lehren aus der Praxis der Konfliktvermittlung]. Heeze, NL: Expertise HO.

Hoedt, F.J.N. ten, Lingsma, M. & Meessen, V. (2005). *Praktijkboek conflictcoaching. Van visie naar actie* [Übungsbuch zum Konflikt-Coaching. Von der Vision zur Aktion]. Soest: Nelissen.

Hofstede, G. & Hofstede, G.J. (2005). *Allemaal andersdenkenden. Omgaan met cultuurverschillen* [Sie sind alle Andersdenkende. Umgang mit kulturellen Unterschieden]. Amsterdam, NL: Contact.

Homan, T. (2012). Organisatieverandering, conflict en macht: It takes three to tango [Organisatorischer Wandel, Konflikt und Macht: zum Tango braucht es drei]. *Tijdschrift Conflicthantering, 7* (8), 23–28.

Jones, J. & Hunter, D. (1999). Using the Delphi and Nominal Group Technique in health services research. In C. Pope & N. Mays (Eds.)., *Qualitative research in health care* (pp. 40–49). London: BMJ Books.

Karpman, S.B. (1968). Fairy tales and script drama analysis. *Transactional Analysis Bulletin, 7* (26), 39–43. Retrieved from www.karpmandramatriangle.com

Kil, A.J. (1999). De Mediator. Lui, dom en dakloos? [Der Vermittler. Untätig, unwissend und obdachlos?]. *Tijdschrift voor Sociaal Juridische Dienstverlening, 7* (6).

Kitzinger, J. (1999). Focus groups with users and providers of health care. In C. Pope & N. Mays, *Qualitative research in health care* (pp. 20–29). London: BMJ Books.

Kolb, D.A. & Fry, R. (1975). Toward an applied theory of experiential learning. In C. Cooper (Eds.), *Theories of group processes.* London: Wiley.

Lazeron, N. & Dinteren, R. van (2010). *Brain@work.* Houten, NL: Bohn Stafleu Van Loghum. https://doi.org/10.1007/978-90-313-7816-6

Lingsma, M. & Hoedt, F.J.N. ten (2004). *Conflictcoaching. Een nieuwe energiebron voor managers* [Konflikt-Coaching. Eine neue Energiequelle für Manager]. Amsterdam, NL: Uitgeverij Boom Nelissen.

Lingsma, M. & Scholten, M. (2007). *Coachen op competentieontwikkeling* [Coaching zur Kompetenzentwicklung]. Amsterdam, NL: Uitgeverij Boom Nelissen.

Mastenbroek, W.F.G. (1981). *Conflicthantering en organisatie-ontwikkeling* [Konfliktmanagement und Organisationsentwicklung]. Proefschrift Rijksuniversiteit Leiden. Alphen aan den Rijn, NL: Samsom.

Mastenbroek, W.F.G. (1982). *Conflicthantering en organisatie-ontwikkeling* [Umgang mit Konflikten und Organisationsentwicklung]. Alphen aan den Rijn, NL: Samsom.

Mayer, R.C., Davis, J.H. & Schoorman, F.D. (1995). An integrative model of organizational trust. *Academy of Management Review, 20* (3), 709–734. https://doi.org/10.5465/amr.1995.9508080335

McKnight, D.H. & Chervany, N.L. (1996). *The meanings of trust.* Retrieved from http://misrc.umn.edu/workingpapers/fullpapers/1996/9604_040100.pdf

Mulder, M. (1980). *Conflicthantering: Theorie en praktijk in organisaties*. Leiden: Stenfert Kroese.
Mulder, M. (2004). *De logica van de macht* [Die Logik der Macht]. Schiedam, NL: Scriptum.
Ofman, D. (2006). *Bezieling en kwaliteit in organisaties* [Inspiration und Qualität in Organisationen]. Utrecht, NL: Servire.
Prein, H. (2007). *Trainingsboek conflicthantering en mediation* [Lehrbuch Konfliktmanagement und Mediation]. Houten, NL: Bohn Stafleu van Loghum. https://doi.org/10.1007/978-90-313-6419-0
Rietdijk, M. M. (2009). *Organisaties conditioneren. De invloed van beloning en straf op werkprestaties* [Organisationen konditionieren. Der Einfluss von Belohnung und Bestrafung auf die Arbeitsleistung]. Amsterdam, NL: Academic Press.
Schaper, F. (2012). *100 % zelfvertrouwen. Hoe raak je het kwijt, hoe krijg je het terug* [100 % Selbstvertrauen. Wie verliert man es, wie bekommt man es zurück?]. Amsterdam, NL: Bert Bakker.
Schmidt, T. (2003). Coaching: Eine empirische Studie zu Erfolgsfaktoren bei Einzel-Coaching. *Organisationsberatung, Supervision, Coaching, 11* (3), 239–252. Verfügbar unter: www.coaching-network.org.uk/resourcecentre/articles/ViewArticle.asp?artId=98
Spruijt, P. & Hoedt, F. J. N. ten (2009–2013). *De Veertig Vileine Vragen voor ...* [Vierzig hinterlistige Fragen für ...]. Driebergen, NL: De CoachingCarrousel.
Tannen, D. (1992). *Das habe ich nicht gesagt!* Hamburg: Kabel.
Tannen, D. (1999). *Laß uns richtig streiten: Vom Wortgefecht zum Dialog*. München: Goldmann.
Tannen, D. (2002). *Warum sagen Sie nicht, was Sie meinen. Jobtalk – Wie Sie lernen, am Arbeitsplatz miteinander zu reden*. München: Piper.
Thomas, K. W. & Kilmann, R. H. (1974). *The Thomas-Kilmann Conflict Mode Instrument*. Mountain View, CA: Xicom.
Waal, F. de (2009). *Een tijd voor empathie. Wat de natuur ons leert over een betere samenleving* [Zeit für Empathie. Was die Natur uns über eine bessere Gesellschaft lehrt]. Amsterdam, NL: Contact.
Watzlawick, P., Beavin, J. H. & Jackson, D. D. (2017). *Menschliche Kommunikation. Formen, Störungen, Paradoxien*. Bern: Hogrefe. https://doi.org/10.1024/85745-000
Weber, M. (1925). Wirtschaft und Gesellschaft, o.a. uitgelegd door C. Devos (2006), *De Kleermakers en de Keizer. Inleiding toto Politiek en Politieke Wetenschappen*. Gent: Academia Press. [dt. Ausgabe: Weber, M. (1947). Wirtschaft und Gesellschaft, Halbband 1/2 (3. Aufl., Grundriss der Sozialökonomik, Abteilung 3). Tübingen: Mohr-Siebeck.]
Wijnberg, J. (2001). *De lachende therapeut. Provocatief contact als medicijn* [Der lächelnde Therapeut. Provokativer Kontakt als Medikament]. Utrecht, NL: Lifetime.
Wijnberg, J. & Hollander, J. (2006). *Provocatief coachen. De basis* [Provokatives Coaching. Die Grundlagen]. Schiedam, NL: Scriptum.
Winslade, J. & Monk, G. (2000). *Narrative Mediation*. London: Wiley.

Weiterführende Literatur

Chabris, C. & Simons, D. (2011). *Der unsichtbare Gorilla: Wie unser Gehirn sich täuschen lässt*. München: Piper.
Covey, S. R. M. (2006). *Schnelligkeit durch Vertrauen. Die unterschätzte ökonomische Macht*. Offenbach: Gabal.
Deci, E. L. (1972). Intrinsic motivation, extrinsic reinforcement, and inequity. *Journal of Personality and Social Psychology, 22*(1), 113–120. https://doi.org/10.1037/h0032355
Glasl, F. & Lievegoed, B. J. G. (2004). *Dynamische Unternehmensentwicklung. Grundlagen für nachhaltiges Change Management*. Stuttgart: Freies Geistesleben.

Hoedt, F. J. N. ten (2013b). Vertrouwen en conflicten in organisaties [Vertrauen und Konflikte in Organisationen]. *Expertise, 7* (2), 14–19.

Hoedt, F. ten & Lingsma, M. (2013c). *Spelen met conflicten. Drie kaartspellen om je conflictvaardigheid te verbeteren.* Amsterdam, NL: Uitgeverij Boom Nelissen. [dt. Ausgabe: Hoedt, F. ten & Lingsma, M. (2021). 150 Fragen für das Konflikt-Coaching. Spielerisch die Konfliktkompetenz verbessern. Göttingen: Hogrefe.]

Kitzinger, J. (1995). Qualitative research: Introducing focus groups. *British Medical Journal, 311*, 299–302. https://doi.org/10.1136/bmj.311.7000.299

Mion, V. & Rietdijk, M. (2013). *Presteren met Pavlov. Laat mensen een stap extra zetten* [Auftritt mit Pavlov. Lassen Sie die Menschen einen zusätzlichen Schritt machen]. Amsterdam, NL: Uitgeverij Boom Nelissen.

Pink, D. H. (2020). *Drive: Was Sie wirklich motiviert* (7. Aufl.). Salzburg: Ecowin.

Schilders, A. (2007). Sturen op tekortkomingen of juist op talent? [Auf Unzulänglichkeiten oder Können fokussieren?]. *Expertise, 1* (2), 13–15.

Voltaire (1764). Le préjugé est une opinion sans jugement. In *Dictionnaire philosophique portatif* (S. 303–307). London. (Eigtl. Genf: Gabriel Grasset). https://gallica.bnf.fr/ark:/12148/btv1b8626129s/

Anhang

The blind men and the elephant

It was six men of Indostan,
To learning much inclined,
Who went to see the Elephant
(Though all of them were blind),
That each by observation
Might satisfy his mind.

The *First* approached the elephant
And happening to fall
Against his broad and sturdy side,
At once began to bawl:
"God bless me! – but the elephant
Is very like a wall!"

The *Second,* feeling of the tusk,
Cried: "Ho! – What have we here
So very round and smooth and sharp?
To me 't is mighty clear
This wonder of an Elephant
Is very like a spear!"

The *Third* approached the animal,
And happening to take
The squirming trunk within his hands,
Thus boldly up and spake:
"I see," quoth he, "the Elephant
Is very like a snake!"

The *Fourth* reached out his eager hand,
And felt about the knee.
"What most this wondrous beast is like
Is mighty plain," quoth he;
"'t Is clear enough the Elephant
Is very like a tree!"

The *Fifth,* who chanced to touch the ear,
Said: "E'en the blindest man
Can tell what this resembles most;
Deny the fact who can,
This marvel of an Elephant
Is very like a fan!"

The *Sixth* no sooner had begun
About the beast to grope,
Then, seizing on the swinging tail
That fell within his scope,
"I see," quoth he, "the Elephant,
Is very like a rope!"

And so these men of Indostan
Disputed loud and long,
Each in his own opinion
Exceeding stiff and strong,
Though each was partly in the right,
And all were in the wrong!

So, oft in theologic wars
The disputants, I ween,
Rail on in utter ignorance
Of what each other mean,
And prate about an Elephant
Not one of them has seen!

John G. Saxe (1816–1887)

Checkliste zur Erfassung der Konfliktfähigkeit (vgl. Lingsma & ten Hoedt, 2004)
Bei der folgenden Checkliste gibt es nicht die übliche Skaleneinteilung von 1 bis 5 oder von 1 bis 10. Eine solche Kodierung lädt Probanden unserer Meinung nach dazu ein, bei den Antworten immer den mittleren Bereich anzukreuzen. Ehrlichkeit sich selbst gegenüber ist jedoch eine unabdingbare Voraussetzung, um neues Verhalten lernen zu können. Deshalb haben wir uns für eine Kodierung entschieden, bei der Ihre Coachees selbst ihr eigenes Verhalten bewerten. Durch das bei den Antwortmöglichkeiten vorangestellte „(zu)" wird eine Nuancierung möglich, über die Ihre Coachees nachdenken können. Auch wenn eine Person ein bestimmtes Verhalten selten zeigt, kann das dennoch ausreichend sein: In diesem Fall sollte die Spalte „ausreichend" angekreuzt werden. Wenn Ihre Coachees dagegen Zweifel haben, sollten sie die Spalte „(zu) wenig" markieren. Die Checkliste kann als Baseline-Messung im Konflikt-Coaching dienen. Sie kann anschließend aber auch dazu genutzt werden, um die Fortschritte zu messen. Dafür sollte die Checkliste nach einigen Monaten erneut ausgefüllt werden. Eine weitere Möglichkeit ist, die Checkliste als Instrument für ein 360°-Feedback zu verwenden. Ihre Coachees sollten beim Ausfüllen der Checkliste nicht lang und intensiv über die Wortwahl und Begrifflichkeiten nachdenken. Es geht nicht um eine Prüfung im Fach Deutsch, es geht um eine Einschätzung der Konfliktkompetenz.

Checkliste zur Erfassung der Konfliktfähigkeit			1/3
	(zu) wenig	ausreichend	(zu) viel
1. Selbstreflexion			
In Konfliktsituationen unterziehe ich meine Standpunkte und mein Verhalten einer kritischen Betrachtung.			
Ich lerne aus dem, wie andere Menschen Dinge bewerten, und kann meine Standpunkte und/oder mein Verhalten entsprechend ändern.			
Ich bin mir meines Anteils am Konflikt bewusst.			
Ich weiß, dass ich mich in Konfliktsituationen ungeschickt verhalten kann.			
Mir ist bewusst, dass mein ungeschicktes Verhalten eine Wirkung auf andere Menschen hat.			
2. Selbstbeherrschung			
Ich bleibe ruhig, wenn ich eine abwehrende Haltung wahrnehme und die Emotionen anderer zu spüren bekomme.			
Ich mache mich nicht größer und auch nicht kleiner.			
Ich kann auch in schwierigen und eskalierenden Situationen Ruhe bewahren.			
Ich lasse mich nicht von anderen mitreißen.			
Ich kann Privates und Arbeit trennen.			
3. Metakommunikation über Emotionen			
Ich kann mich während eines Gesprächs vom Gesprächsinhalt distanzieren und die vorhandenen Emotionen erkennen und benennen.			
Ich spreche in „Ich"- und „Wir"-Formulierungen und vermeide vorwurfsvolle „Du"-Sätze.			

Checkliste zur Erfassung der Konfliktfähigkeit			2/3
	(zu) wenig	ausreichend	(zu) viel
Ich kann die zugrunde liegenden Absichten einer Person hören (Stimme, Wortwahl) und dann ruhig und neugierig auf deren Erleben reagieren.			
Ich kann einen Konflikt eskalieren lassen.			
Ich kann einen Konflikt deeskalieren lassen.			
4. Mut			
Ich vermeide Konfrontationen nicht und spreche schwierige Themen an.			
Ich spreche andere Personen an, um einen Durchbruch zu erzielen.			
Ich gehe nicht in die Verteidigung.			
Ich mache Vorschläge, die im Widerspruch zur herrschenden Meinung stehen.			
5. Selbstmanagement bei Konflikten			
Ich korrigiere mein eigenes Verhalten und meine Aussagen in Konfliktsituationen.			
Ich verhindere, dass die Dinge außer Kontrolle geraten, indem ich rechtzeitig einschreite und z. B. andere um Hilfe bitte.			
Ich erkenne den Unterschied zwischen emotionaler und sachlicher Loyalität, und ich wäge bewusst zwischen beiden ab.			
Ich konzentriere mich auf den aktuellen Konflikt und lasse alte Geschichten außen vor.			
6. Bereitschaft zu persönlichem Wachstum			
Ich bin offen für neue Einsichten und suche nach neuen Blickwinkeln, um mein Verhaltensrepertoire auszubauen.			
Ich bitte andere Menschen um eine Rückmeldung zu meinem Verhalten und den Folgen meines Verhaltens in Konflikten. Und ich korrigiere mein Verhalten entsprechend.			

Checkliste zur Erfassung der Konfliktfähigkeit			3/3
	(zu) wenig	ausreichend	(zu) viel
Ich bin neugierig auf die Wahrheiten anderer Menschen und auf die Möglichkeiten, mehrere Wahrheiten in eine Geschichte zu fassen.			
Ich nehme gezielt Abstand von einengenden Auffassungen.			
7. Ergebnisorientiert verhandeln			
Ich betrachte die Äußerungen und Emotionen der Beteiligten als Ausdruck ihrer Interessen und verhandle darüber.			
Ich bin mir der Strategie meines Gegenübers bewusst.			
Ich kann mich auf die Umsetzung der geplanten Ergebnisse fokussieren und meine Emotionen vorübergehend „ausblenden".			
Ich überprüfe, ob ein vorgeschlagenes Ergebnis den zugrunde liegenden Bedürfnissen entspricht.			
Ich wäge meine persönlichen Interessen gegen gemeinsame Interessen ab.			
Ich kann eine Situation eskalieren und deeskalieren lassen, damit das Endergebnis noch verbessert werden kann.			

Übung: Vertrauen zurückgewinnen (in Anlehnung an Derks & Hollander, 2000) 1/3	
Bitten Sie Ihre Coachees, sich an einen Moment in ihrem Leben zurückzuerinnern, an dem sie sich vollkommen wohl in ihrer Haut fühlten. Bitten Sie sie, sich in diesen Moment einzufühlen. Ihre Coachees müssen von der Situation selbst nichts erzählen. Vertiefen Sie das Erleben, indem Sie immer weiter nachfragen, was Ihre Coachees sehen, hören und fühlen. Notieren Sie die jeweiligen Antworten.	
Visuell	**Antwort**
• Sehen Sie ein Bild? *(Wenn die Antwort „nein" lautet → bitte im Bereich „auditiv" fortfahren.)* • Ist es ein Bild, oder sind es mehrere Bilder nebeneinander? • Ist das Bild groß oder klein? • Ist das Bild nah oder fern? • Ist es eingerahmt? • Ist es ein Foto, oder ist es ein Film? • Ist das Bild hell oder dunkel? • Ist das Bild in Farbe? Falls ja: Welche Farbe überwiegt? • Ist das Bild scharf? • Ist das Bild intensiv oder vage? • Ist das Bild kontrastreich oder ebenmäßig? • Wo sehen Sie sich selbst in dem Bild?	
Auditiv	**Antwort**
• Hören Sie ein Geräusch? *(Wenn die Antwort „nein" lautet → bitte im Bereich „kinästhetisch" fortfahren.)* • Ist das Geräusch laut? • Ist das Geräusch in einem hohen Ton? • Ist das Geräusch schnell oder langsam? • Ist das Geräusch kurz oder lang? • Woher kommt das Geräusch? • Ist das Geräusch melodisch oder monoton? • Ist das Geräusch harmonisch? • Ist das Geräusch in Mono oder in Stereo? • Ist das Geräusch hell? • Ist das Geräusch schrill? • Ist das Geräusch in Ihnen, oder kommt es von außen?	
Kinästhetisch	**Antwort**
• Fühlen Sie hierbei etwas an oder in Ihrem Körper? *(Falls die Antwort „nein" lautet → bitte im Abschnitt „Geschmack" fortfahren.)*	

<table>
<tr><th colspan="2">Übung: Vertrauen zurückgewinnen (in Anlehnung an Derks & Hollander, 2000) 2/3</th></tr>
<tr><th>Kinästhetisch</th><th>Antwort</th></tr>
<tr><td>Fühlen

Wenn Sie etwas an Ihrem Körper fühlen:
• Wo auf Ihrem Körper fühlen Sie es?
• Wie groß ist der Bereich?
• Ist das Gefühl intensiv oder flüchtig?
• Ist es langanhaltend oder kurz oder rhythmisch?
• Fühlt es sich wie Schmerz, Spannung, Druck oder Scheuern/Reiben an?
• Fühlt es sich warm oder kalt an?
• Fühlt es sich nass oder trocken an?
• Fühlt es sich kribbelnd, juckend, bitter oder beißend an?

Wenn Sie etwas in Ihrem Körper fühlen:
• Wo in Ihrem Körper fühlen Sie etwas?
• Wie groß ist es?
• Fühlen Sie es intensiv oder flüchtig?
• Ist das Gefühl immer da, oder erscheint es rhythmisch und kurz?
• Fühlt es sich schwer oder leicht an?
• Welche Temperatur hat es?
• Fühlt es sich schön an?
• Tut es weh?
• Ist es scharfkantig oder watteweich?
• Fühlt es sich angespannt oder geschmeidig an?
• Fließt es, oder bleibt es an einer Stelle?
• Fühlen Sie es stark oder schwach?

Geschmack
• Schmecken Sie etwas?
(Falls die Antwort „nein“ lautet → bitte im Abschnitt „Geruch“ fortfahren.)
• Schmecken Sie einen starken oder einen leichten Geschmack?
• Ist der Geschmack herzhaft oder schwach?
• Ist er süß, salzig, sauer oder bitter?
• Schmeckt es erfrischend?
• Schmeckt es sahnig?
• Schmeckt es knackig-frisch?

Geruch
• Riechen Sie etwas?
(Falls die Antwort „nein“ lautet → beenden Sie die Übung.)
• Ist der Geruch stark oder schwach?
• Ist der Geruch süß, sauer, salzig oder bitter?
• Riecht es gut?</td><td></td></tr>
</table>

Übung: Vertrauen zurückgewinnen (in Anlehnung an Derks & Hollander, 2000) 3/3

Wenn alle Fragen beantwortet sind, werden Sie ein Bild davon haben, wie sich die Erfahrung größtmöglichen Selbstvertrauens bei einem Coachee im Körper abgespeichert hat. Zum Beispiel als bunter, hauptsächlich roter Film, der schnell gedreht wird und bei dem der Coachee helle Töne hört und Erdbeeren riecht. Er spürt eine warme Glut in seinem Bauch, die langsam dahinfließt.

Lassen Sie den Coachee noch eine Weile bei dieser Erfahrung maximalen Selbstvertrauens bleiben und fassen Sie zusammen, was er gesagt hat. Dabei fragen Sie ihn immer wieder, ob er das Gefühl intensivieren kann: Kann er den Film in noch intensiverem Rot drehen? Kann der Film noch schneller gedreht werden? Ist es möglich, die Töne noch heller zu bekommen? Kann er die Erdbeeren noch besser riechen? Gehen Sie schließlich auf das Gefühl ein: Kann er das warme Gefühl in seinem Bauch schneller fließen lassen? Kann er es auch in andere Körperteile fließen lassen? Wie weit darf es sich im Körper ausbreiten?

Wenn sich das Gefühl so weit wie möglich ausgedehnt hat und Ihr Coachee erfüllt von seiner Erfolgserfahrung ist, können Sie ihn noch bitten, diesem Gefühl einen Namen zu geben und eine kleine Geste damit zu verbinden, die er auch unbemerkt machen kann, wenn er sich in Gesellschaft befindet. Wenn Ihr Coachee in eine Situation gerät, in der er ein Erfolgserlebnis brauchen könnte, kann er für sich das Wort aussprechen und die kleine Geste machen. Damit kehrt das Erfolgsgefühl in seinen Körper zurück, was sich auf sein Verhalten in der aktuellen Situation auswirken wird. Je öfter geübt wird, desto schneller kann das Erfolgsgefühl „abgerufen“ werden und desto stärker ist es.

Kennzeichen einer konfliktfreundlichen Organisation[14]								
Bewerten Sie auf einer Skala von 1 bis 7, inwieweit die jeweiligen Aussagen auf Ihre Organisation/Ihr Team zutreffen. Wie könnte das Konfliktmanagement in Ihrer Organisation verbessert werden?								
Konflikte stören die bestehende Ordnung und Ruhe.	1	2	3	4	5	6	7	Konflikte gehören zur Teamarbeit von Menschen dazu.
Konflikte sollen so schnell wie möglich gelöst werden.	1	2	3	4	5	6	7	Konflikte können zur Verbesserung von Beziehungen genutzt werden.
Konflikte werden durch die Anwendung von Regeln und Protokollen gelöst.	1	2	3	4	5	6	7	Konflikte werden gelöst, indem der Prozess analysiert wird und nach so vielen Lösungswegen wie möglich gesucht wird.
Zur Lösungsfindung werden frühere, ähnlich gelagerte Fälle herangezogen.	1	2	3	4	5	6	7	Die Lösung ist auf die Zukunft ausgerichtet.
Die Position der Konfliktparteien wird berücksichtigt.	1	2	3	4	5	6	7	Die Interessen der Konfliktparteien werden berücksichtigt.
Bei einem Konflikt werden die Kontrahenten als erstes voneinander getrennt.	1	2	3	4	5	6	7	Bei einem Konflikt wird eine Interaktion der Kontrahenten angeregt, eventuell mithilfe eines unabhängigen Dritten.
Ziel des Konfliktmanagements ist, die vorhandenen Probleme zu lösen. Sowohl der Sachverhalt als auch die Frage, inwieweit die einzelnen Standpunkte berechtigt sind, spielt eine Rolle.	1	2	3	4	5	6	7	Ziel des Konfliktmanagements ist, die Arbeitsbeziehungen zu stärken. Es geht um die Beziehungen, nicht um den Konfliktinhalt.

14 © Dr. Thomas Fiutak, Conflict and Change Center. Der Abdruck erfolgt mit Genehmigung des Autors.

Arbeitsblatt: Verhalten erkennen und beschreiben 1/2		
Im Folgenden sind zehn Verhaltensweisen aufgelistet, über die sich viele Menschen ärgern: Notieren Sie in Spalte 2, woran Sie dieses Verhalten erkennen: Was sehen Sie? Welche Haltung nimmt die Person ein? Wie hält sie ihre Arme, Beine und den restlichen Körper? Notieren Sie außerdem in Spalte 3, was Sie von dieser Person hören: Was sind typische Äußerungen, die zu diesem Verhalten gehören?		
Verhalten	**Wie sieht es aus? Welche Haltung nimmt die Person ein?**	**Typische verbale Äußerungen**
1. Arroganz		
2. Respektlosigkeit		
3. Bedrohung		
4. Wut		
5. Lügen		
6. Falsch spielen		
7. Mir die Schuld geben		
8. Verteidigung		
9. Ablehnung		
10. Nicht zuhören		

Arbeitsblatt: Verhalten erkennen und beschreiben		2/2
Im Folgenden sind zehn Verhaltensweisen aufgeführt, die viele Menschen sehr angenehm finden. Notieren Sie in Spalte 2, woran Sie dieses Verhalten erkennen: Was sehen Sie? Welche Haltung nimmt die Person ein? Wie hält sie ihre Arme, Beine und den restlichen Körper? Notieren Sie außerdem in Spalte 3, was Sie von dieser Person hören: Was sind typische Äußerungen, die zu diesem Verhalten gehören?		
Verhalten	**Wie sieht es aus? Welche Haltung nimmt die Person ein?**	**Typische verbale Äußerungen**
1. Respekt zeigen		
2. Höflichkeit		
3. Anstand		
4. Ehrlichkeit		
5. Den eigenen Anteil am Konflikt annehmen		
6. Zuhören		
7. Sich gegenseitig beraten		
8. Keine Vorurteile haben		
9. Offen sein		
10. Für mich da sein		

Francine ten Hoedt / Marijke Lingsma
150 Karten für das Konflikt-Coaching
Spielerisch die Konfliktkompetenz verbessern

2021, Kartenbox mit 156 Karten und 20-seitigem Booklet,
€ 34,95 / CHF 45.50
ISBN 978-3-8017-3083-3

Fredrike P. Bannink
Positive Supervision und Intervision

2017, 237 Seiten,
€ 34,95 / CHF 45.50
ISBN 978-3-8017-2804-5
Auch als eBook erhältlich

Lara de Bruin
365 Fragen für die lösungsorientierte Kommunikation in Psychotherapie und Coaching
Ein Fragenfächer für Therapeuten, Berater und Coaches

2019, 62 Seiten, Fragenfächer, Kleinformat,
€ 16,95 / CHF 21.90
ISBN 978-3-8017-2929-5

Jeroen Hendriksen / Jantine Huizing
Methoden für die Intervision
Ein Fächer mit 20 effektiven Tools

2020, 72 Seiten, Kleinformat,
€ 16,95 / CHF 21.90
ISBN 978-3-8017-3033-8

Miriam Deubner-Böhme / Uta Deppe-Schmitz
Coaching mit Ressourcenaktivierung
Ein Leitfaden für Coaches, Berater und Trainer

2018, 164 Seiten, inkl. CD-ROM,
€ 34,95 / CHF 45.50
ISBN 978-3-8017-2790-1
Auch als eBook erhältlich

Uta Deppe-Schmitz / Miriam Deubner-Böhme
100 Karten für das Coaching mit Ressourcenaktivierung

2018, Kartenbox mit 100 Karten und 16-seitigem Booklet,
€ 29,95 / CHF 39.90
ISBN 978-3-8017-2892-2

www.hogrefe.com

hogrefe